문제는 저출산이 아니라 교육 개혁이다

유진호 지음

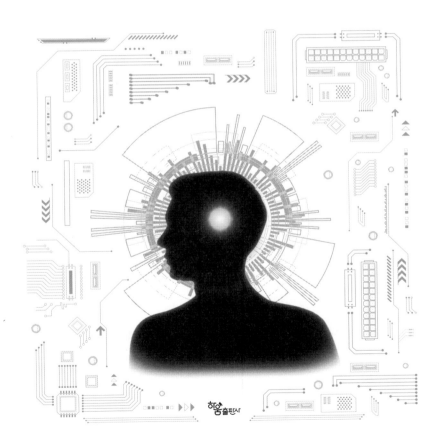

하움출판사

머리말

AI 시대, 교육 개혁 없이 미래는 없다

하루가 다르게 시대의 변화가 느껴진다. 코로나19라는 위기 속 터널을 지나며 인류는 이 또한 빠르게 적응하며 변화를 이루었다. 그중에서도 가장 두드러지는 변화는 단연 AI일 것이다. AI를 직접 사용해 보지 않은 사람들은 아직 체감하지 못할 수도 있지만, 챗GPT와 같은 AI는 버전이 바뀔 때마다 놀라울 정도로 진화하고 있다. 단순한 정보를 찾아주는 도구가 아니라, 문장을 이해하고, 논리를 분석하며, 창의적인 해결책을 제안하는 수준으로 발전하고 있다.

AI가 우리의 일자리를 대체할까? AI가 인간을 뛰어넘을까? 영화 '터미네이터'처럼 인류가 멸망하는 건 아닐까? AI 시대가 도래하면서 사람들은 불안해한다. 나는 AI 전문가가 아니기에, AI가 완벽한 사고 능력을 갖출지 단언할 수 없지만, 한 가지 확실한 것은 AI의 변화의 속도가 기존 교육 시스템보다 훨씬 앞서 나가고 있다는 점이다.

그렇다면 우리는 과연 이 변화를 제대로 인식하고 있는가? 혹시 "잘 해결되겠지"라는 막연한 낙관 속에서 변화의 시대를 지내고 있는 것은 아닐까?

내가 첫 교직생활을 시작한 2010년대만 해도 학교에는 꿈과 희망이 가득했다. 2002 월드컵 때 공식응원단 '붉은악마'가 쓰던 유명한 문구인 "꿈은 이루어진다."를 어느 학교를 가도 볼 수 있었다. 학생들은 스스로 무한한 가능성을 가졌다고 과신하였고, 나도 그 에너지를 함께 나누며 가르치는 즐거움을 만끽했다. 하지만 돌아보면, 그 시절의 우리는 미래에 대한 기대는 넘쳤지만, 정작 그 미래를 위한 준비는 부족했다.

나는 학생들에게 미래를 정글에 빗대어 늘 말했다. "정글을 가기 위해서는 정글을 살아가는 법을 배워야 한다." 생존을 위해 수영, 사냥, 해독, 맹수 퇴치법을 익혀야 하는 것처럼, 미래를 살아가기 위해서는 철저한 대비가 필요하다. 하지만 우리는 오랫동안 학생들에게 "정글은 낙원 같은 곳이니, 가서 마음껏 즐겨라"라는 식의 교육을 해왔던 것은 아닐까?

그렇지만 이제는 학생들도 시대의 변화를 감지하고 있다. 미래는 부채와 불확실성으로 가득할지도 모른다는 것을. 자신들이 부모 세대처럼 고성장 시대의 혜택을 누리지 못할 수도 있다는 불안을.

이런 생각이 본격적으로 깊어진 것은 2023년 대학수학능력시험 감독을 하면서였다. 시험장에서 보게 된 광경은 나에게 하나의 거대한 질문을 던졌다. '이 교육 방식이 과연 옳은가?'

수능 선택과목에 따라 반편성이 달라지는데, 어떤 반은 의대 진학을 목표로 하는 학생들이 몰려 있었고, 또 다른 반은 그렇지 않은 학생들로 구성되어 있었다. 같은 인문계 학생들로 이루어진 반인데도, 분위기는 하늘과 땅 차이였다. 한쪽 교실은 시험에 임하는 긴장감과 열기로 가득 찼고, 반면 다른 반은 미응시 학생도 대거 될 뿐만 아니라 시험이 시작되자마자 답안지를 체크하고 엎드려 자는 학생들이 상당수 있었다.

그 광경은 충격적이었다. 우리 교육이 과연 올바른 방향으로 가고 있는가?

학생들의 관심과 열정이 특정 분야로만 쏠리는 현상은 단순한 개인의 선택이 아니라, 사회 구조가 만들어낸 문제다. 의대는 안정적 소득과 사회적 지위를 보장하는 직업으로 자리 잡았고, 부모와 학생들은 마치 그것이 유일한 정답인 것처럼 선택하고 있다. 반면, 미래 산업의 핵심 분야는 인재 부족에 허덕이고 있다. 세상은 첨단 기술을 가진 자와 국가가 좌지우지하는데 그만큼 과학과 기술 분야의 중요성이 강조되지만, 여전히 학생들은 경제적 안정성이 우선시되는 직업을 선택하는 것이 현실이다.

이제 우리는 스스로에게 질문해야 한다. 이런 구조가 지속된다면 대한민국의 미래는 어떻게 될 것인가?

이 문제를 그냥 지나칠 수 없었다. 그래서 글을 쓰기로 했다. 연구자가 아닌 평범한 교사로서, 화려한 이력은 없지만, 교육 현장에서 고민하며 스스로 탐구하고 배운 것들을 정리해 보자는 마음이었다. 그리고 1년이 훌쩍 지난 지금, 나는 이 책을 완성하고 있다.

이 책은 단순히 교육 개혁을 주장하는 책이 아니다. 나는 이 책을 통해 교육과 산업이 연결되어야 대한민국이 미래를 선도할 수 있다는 메시지를 전하고 싶다. 단순히 교실에서 학생을 가르치는 것이 아니라, 이 학생들이 미래 사회에서 어떤 역할을 하게 될 것인지 고민하는 것이 교육의 본질이다.

우리는 한강의 기적을 이루며 빠른 성장을 거친 나라다. 불가능해 보였던 상황 속에서도 빠른 변화에 적응하며 기회를 만들어냈다. 지금도 마찬가지다. 우리가 이 변화 속에서 제대로 대비한다면, 오히려 더 유리한 위치를 선점할 수 있을 것이라 믿는다.

항상 철없는 아들을 키우느라 고생하신 세상에서 가장 사랑하고 가장 훌륭한 부모님, 정신없이 바쁜 사업을 유지하면서도 항상 지지해 주는 내 삶을 지탱해 주는 사랑하는 나의 아내, 그리고 늘 말동무가 되어주는 고마운 동생, 항상 긍정적으로 응원해 주시는 장인어른-장모님, 형님-처형 가족들, 사랑하는 제자들과 친구들에 감사의 마음을 전하며 이 긴 글을 시작한다.

이 책이 대한민국의 미래를 고민하는 모든 이들에게 작은 도움이 되기를 바라며, 교육의 변화가 국가의 미래를 결정짓는다는 사실을 다시 한번 강조하고 싶다.

"우리는 준비하고 있는가?"

그 질문을 스스로에게 던지며, 이 책을 시작한다.

목차

문제는 저출산이 아니라 교육 개혁이다   **10**

AI 시대, 교육 개혁 없이 미래는 없다   10

프롤로그: 위기는 저출산이 아니라, 교육의 실패다   **13**

저출산보다 더 심각한 문제: 교육이 산업과 연결되지 않는다   14

AI 시대, 인재가 사라지고 있다   15

지금 당장 교육을 바꾸지 않으면, 미래는 없다   16

1부:
대한민국 교육, 무너지고 있다

1장. AI 시대, 우리 아이들은 제대로 배우고 있는가?   **20**

AI는 적이 아니라 동료다   20

산업혁명 때처럼 기술을 거부할 것인가, 활용할 것인가   22

온디바이스 AI와 LLM이 교실을 바꾼다   24

2장. "왜 공부해야 하지?" 무너지는 학습 동기와 교권   **29**

학습 동기 붕괴, 학력 저하, 교권 추락… 공교육은 어디로?   29

용이 태어날 개천조차 사라진 사회   32

"이게 내 인생에 무슨 도움이 되죠?" — 교육과 현실의 괴리   35

문제 해결형 학습(PBL)과 현상 기반 학습(PhBL)이 필요한 이유   39

3장. **저출산보다 더 큰 문제: 청년이 사라진다** **48**

    학생 수 감소? 진짜 문제는 인재 유출   51

    대학 구조조정이 필요한 이유: 수도권 집중 vs 지역 붕괴   53

    교육 패러다임이 바뀌지 않으면 경제는 무너진다   56

4장. **혁신을 멈춘 나라의 미래: 일본을 반면교사 삼아** **63**

    90년대 일본의 정체와 대한민국의 현재   63

    교육 개혁에 실패한 일본, 인재 유출과 산업 쇠퇴   66

    안정이 만든 위기, 일본의 실패에서 배우자   69

2부:
대한민국, 인재 전쟁에서 패배하고 있다

5장. **반도체 패권 전쟁, 우리는 준비되어 있는가?** **82**

    미래 산업을 이끌 인재가 없다: 반도체 패권을 사수하라   82

    의대 쏠림 현상, 경제를 갉아먹다   85

    미국·중국·일본·대만은 어떻게 인재를 키우고 있나?   88

6장. **직업의 70%가 바뀐다, 그러나 교육은 그대로?** **97**

    사라지는 직업, 새롭게 등장하는 직업들   97

    AI와 협업할 줄 아는 인재가 생존한다   99

    다가올 창조적 파괴 속에서 새로운 기회를 만들 수 있는 교육   101

7장. AI 혁명이 가져올 세수 부족과 일자리 격차   **109**

로봇과 AI가 일하는 시대, 세금은 어디서 걷나?   110

줄어드는 생산 인구, 늘어나는 복지 부담   111

교육이 바뀌어야 경제도 살아난다   112

3부:
미래 교육 개혁, 이제는 바뀌야 한다

8장. 대한민국 교육, AI 리터러시를 필수 교육으로   **120**

AI는 툴(tool), 활용법을 모르면 뒤처진다   120

확증편향과 정보의 홍수, 어떻게 극복할 것인가?   122

PBL, PhBL과 AI를 접목시킨 교육?   125

AI와 개념기반 탐구학습: 학습의 새로운 패러다임   136

AI와 플립러닝: 교실을 바꾸는 새로운 학습 방식   138

9장. 의대 쏠림을 막고, STEM 인재를 키우는 방법   **146**

의대지상주의, 왜 이토록 심각한가?   146

고교 학점제, 변화하지 않는다면 '의대 맞춤형'이 될 뿐이다   149

첨단 기술 인재 양성을 위한 국가 전략   151

STEM 전공자들에게 실질적인 경제적 인센티브가 필요하다   152

10장. **입시제도의 대전환, 대학의 역할을 재정의하라** **158**

정시 vs 수시? 이제는 '맞춤형 입시'로 가야 한다 158

대학을 줄이고, 거점 대학과 실용 교육기관으로 개편해야 한다 162

평생교육으로의 전환, '대학 졸업'이 아닌 '계속 배우는 시대' 164

4부:
새로운 교육 패러다임, 대한민국이 살아남는 길

11장. **전 세계는 이미 바뀌고 있다, 우리는?** **174**

STEM 교육을 넘어 STEAM 교육으로 174

교육 선진국들은 어떻게 교육을 혁신하고 있나 177

대한민국이 참고해야 할 글로벌 교육 개혁 사례 178

디지털 전환 시대, 교육이 바뀌지 않으면 산업도 무너진다 180

12장. **선순환 미래 교육 로드맵** **185**

공교육 혁신: 교사의 자발적 역할 변화 185

산업과 교육이 함께 성장하는 선순환 구조 만들기 188

관료주의를 넘어 기술 기반 국가 운영 모델로 191

에필로그: 우리는 지금 골든타임에 서 있다 **198**

문제는 저출산이 아니라 교육 개혁이다

| AI 시대, 교육 개혁 없이 미래는 없다 |

대한민국, 다시 성장의 길로 나아가기 위해

필자는 학생들을 가르치는 일을 하면서 단순히 교실에서 수업을 하는 것 이상의 경험을 하려고 노력하며 살아왔다. '수박 겉 핥기' 식일지 모르겠지만 거시경제, 산업, 지정학, 역사, 인문학 등 다양한 분야에 관심을 두고, 독서와 여러 견문을 통해 끊임없이 배우며 세상을 바라보는 시야를 넓혀왔다. 그 과정에서 학생들의 생활 태도, 습관, 유행, 심리, 그리고 학교 문화가 시대에 따라 어떻게 변화하는지 직접 경험하고, 사회의 흐름과 맞물려 돌아가는 모습을 지켜보며 학생들이 사회의 흐름에 적응하도록 조언하고 도우며 교직 생활을 이어왔다.

교직 생활을 한 지난 짧은 세월 동안 우리 경제는 고속 성장의 시대에서 점차 속도를 늦추고, 이제는 위기의 징후가 곳곳에서 감지되는 국면으로 접어들었다. 경제적 풍요 속에서 학생들은 인권을 존중받으며 보다 자유롭고 여유로운 환경에서 성장했다. '공짜 점심은 없다.' 우리가 누려온 이 여유는 무한정 지속될 수 없는 것이다.

비유가 다소 직설적일 수 있지만, "밥을 넉넉히 나누어 먹으려면, 그 밥통이 크고 튼튼하며 속은 알차게 차 있어야 한다." 우리는 제조업을 중심으로 한 선순환 경제 구조를 통해 번영을 이루었다. 기업이 성장하고, 수출이 늘어나고, 고용이 창출되면서 관련 산업이 함께 발전하고, 국민들은 안정적인 일자리를 기반으로 소비하며 경제를 더욱 활성화시켰다. 안정된 경제는 국내 투자 및 외국으로부터의 대규모 투자도 이끌어내고 자본이 집결하며 소위 K-문화, 예술, 스포츠 분야로의 확장 발전도 눈으로 확인했다. 이렇게 성장의 결실이 넉넉히 쌓였기 때문에, 우리는 함께 나누며 평화로운 분배도 가능했다.

그러나 2025년, 대한민국은 중대한 기로에 서 있다.

챗GPT로 시작된 첨단 AI 기술은 계속해서 진화하고, 저출산으로 인해 인구는 줄어들고, 미래 세대가 부양해야 할 고령층은 기하급수적으로 늘어나고 있다. 부동산 가격은 극단적으로 상승했고, 세계에서 가장 빠른 속도로 가계부채가 증가하면서 자산 양극화와 사회적 갈등이 심화되고 있다. 정치적 양극화는 빠르게 대처해야 할 입법 문제 해결을 더욱 어렵게 만들고 있으며, 여기에 더해 우리 경제의 핵심 축인 삼성전자는 글로벌 반도체 패권 경쟁에서 거센 도전에 직면하고 있다.

동북아 제조업 공정 경쟁도 날로 치열해지고 있다. 중국은 반도체 자급률을 높이며 기술 자립을 추진하고 있고, 대만은 TSMC를 필두로 시스템 반도체 시장을 장악하고 있다. 일본 역시 우리에게 뺏겼던 메모리 반도체 산업을 재건하려는 움직임을 보이고 있다. 이러한 상황에서 미국의 트럼프 대통령이 재집권하면서 보호무역주의 강화, 공급망 재편 등의 불확실성이 커지고 있다.

"대한민국 산업, 경제, 정치, 노동의 동반 침체"

이것은 단순한 경기 하락이 아니라, 근본적인 경쟁력이 흔들리고 있음을 의미한다. 지금 우리는 이 위기의 본질을 제대로 직시하고, 절박한 위기의식을 가져야 한다.

그러나 절망할 시간이 없다. 반드시 다시 우상향의 성장 곡선을 그려야 한다.

지금이 골든타임이다. 이 기회를 놓치면 대한민국은 한 세대 동안 경쟁력을 회복하기 어려운 늪에 빠질 수도 있다. 그리고 그 해답은 분명하다. 시작은 교육이다.

위기는 저출산이 아니라, 교육의 실패다

2025년 2월, 하얼빈 동계 아시안게임이 개막했다. TV로 쇼트트랙 경기를 보던 중, 문득 학교 운동부에서의 경험이 떠올랐다. 현재 근무하는 학교에는 두 개의 운동부가 있는데, 필자는 레슬링부를 맡아 지도하면서 빙상부(쇼트트랙, 스피드스케이팅, 피겨) 전체를 총괄하고 있다.

흥미로운 점은 두 종목의 인기 차이가 극명하다는 것이다. 우리 학교 레슬링부는 아테네 올림픽 금메달리스트 정지현을 배출했고, 빙상부에서는 이번 대회에서도 3관왕을 차지한 베이징 올림픽 금메달리스트 최민정이 졸업생으로 있다. 그러나 현재 선수 수를 비교해 보면 차이가 확연하다. 빙상부에는 20명이 넘는 선수가 활동하는 반면, 레슬링부는 그 절반에도 미치지 못하는 수준이다.

사실, 레슬링은 대한민국이 올림픽에서 통산 36개(금 11, 은 11, 동 14)의 메달을 획득한 '효자 종목'이었다. 그러나 2016년 리우 올림픽 이후 메달 소식이 끊기면서 인기가 급격히 떨어졌다. 반면, 빙상은 여전히 엄청난 관심을 받으며 유망주들이 몰리고 있다. 왜 이런 차이가 발생할까?

과거에는 '헝그리 정신'이 강조되며 고된 훈련을 버티며 성공을 꿈꾸는 선수가 많았다. 하지만 시대가 변했다. 이제 학생과 학부모들은 변화한 시대에 맞는 성공 가능성과 안정성을 우선시한다. 힘든 운동보다 조금 더 안전하고, 확실한 미래가 보장되는 종목을 선호하는 것이다.

이 현상은 단순한 스포츠의 문제가 아니다. 지금 교육이 처한 현실과 정확히 맞닿아 있다. 학업적으로 뛰어난 학생들은 우리나라 기업의 주 수익을 이루는 반도체, AI, 배터리, 자율주행 같은 첨단 산업보다 안정성과 높은 소득이 보장된 의대에 몰린다. 기업들은 미래를 책임질 인재가 부족하다고 아우성치지만, 정작 교육 시스템은 이에 대한 해법을 내놓지 못하고 있다. 지금 우리에게 닥친 가장 큰 문제는 저출산이 아니라, 교육이 산업과 연결되지 않는다는 점이다.

저출산보다 더 심각한 문제: 교육이 산업과 연결되지 않는다

많은 사람이 저출산을 국가적 위기의 원인으로 진단한다. "출생아 수가 20만 명대로 떨어졌다", "청년층이 사라진다"는 말이 뉴스에 쏟아지고, 정부는 막대한 예산을 투입하며 해결책을 모색한다. 하지만 단순히 출산율을 높이는 것이 해결책일까?

이미 선진국 대부분이 저출산 문제를 겪고 있지만, 차이는 그 이후의 대응 방식에 있다. 저출산 문제를 우리보다 먼저 겪은 국가들은 이미 인구 감소보다 인재 양성에 초점을 맞추고 있다. 반면, 우리는 기존 교육 시스템을 유지한 채 미래 산업이 요구하는 인재를 길러내지 못하고 있다. 입시 중심 교육은 창의적 사고를 억누르고, 학생들은 "시험에서 정답을 맞히는 것"만 목표로 삼는다. AI가 인간의 사고 방식까지 변화시키고 있는 시대에, 여전히 20세기형 암기 교육을 고수하는 것이 현실이다.

AI 시대, 인재가 사라지고 있다

학교에서 근무하다 보면 정기고사 시험 기간이 되면 학생들이 자습하는 모습을 접하게 된다. 한 학생이 "돌도끼, 빗살무늬 토기, 정착 생활!"이라고 외치는 모습을 보았다. 다른 학생이 기다렸다는 듯이 "신석기 시대!"라고 답한다. "한·일 외교, 칼 모양, 일본 왕에게 하사?" "칠지사!" 이런 식으로 퀴즈를 맞히듯 공부하는 것이다. 하지만 중요한 것은 단순한 암기가 아니다. 왜 신석기 시대가 중요한지, 칠지사가 어떤 역사적 의미를 가지는지 맥락을 이해해야 한다.

이것이 현재 교육의 문제다. 학생들은 정보를 머릿속에 욱여넣지만, 그것을 활용하는 방법을 배우지 않는다. 반면, 글로벌 기업들은 더 이상 단순한 지식형 인재를 원하지 않는다. 구글, 애플, 엔비디아 같은 기업들은 AI와 협업할 줄 아는 사람, 창의적으로 문제를 해결하는 사람을 찾고 있다. 그러나 우리는 여전히 "정답을 맞히는 학생"을 길러내는 데 집중하고 있다.

　미국, 중국, 일본, 유럽이 적극적으로 AI 리터러시 교육을 강화하고 있는 이유도 여기에 있다. AI가 단순한 툴이 아니라 인간의 동료가 되는 시대, 앞으로 살아남으려면 AI와 협업할 줄 아는 인재를 길러야 한다. 하지만 우리의 교육은 AI를 가르치는 것이 아니라, "AI가 인간의 일자리를 빼앗는다"는 공포를 심어주는 데 그치고 있다.

지금 당장 교육을 바꾸지 않으면, 미래는 없다

　기술 발전은 속도가 빠르고, 산업 구조도 빠르게 변화한다. 하지만 교육 개혁 속도는 그 변화를 따라가지 못하고 있다. 지금 당장 교육을 바꾸지 않으면 미래는 불투명해질 수밖에 없다.

　산업혁명 초기, 증기기관이 등장했을 때 많은 기술자들이 변화를 거부했다. 그들은 기계가 자신의 일자리를 빼앗을 것이라며 반발했지만, 결국 기계를 활용할 줄 아는 사람들이 새로운 시대의 주역이 되었다. 경제학자 조지프 슘페터[1]가 말한 '창조적 파괴'의 과정이 반복된 것이다. 지금 AI 시대에도 같은 일이 벌어지고 있다. 변화를 받아들이고 새로운 기

---

[1]　조지프 슘페터(Joseph Schumpeter, 1883~1950): 오스트리아 출신의 경제학자로, 기술혁신을 통하여 낡은 것을 버리고 새로운 것을 창조하여 변혁을 일으키는 과정을 설명하는 '창조적 파괴(Creative Destruction)' 개념을 제시했다. 저서 '자본주의, 사회주의, 민주주의'(1942)에서, 경제 발전은 기존 산업과 기업이 혁신적 기술과 기업가 정신에 의해 파괴되고 새롭게 재편되는 과정임을 설명했다.

술을 익히는 사람이 살아남는다.

이제 교육의 목표는 "정답을 맞히는 학생"이 아니라, "문제를 해결할 줄 아는 인재"를 길러내는 것이 되어야 한다. 이를 위해 뒷장에서 소개할 문제 해결형 학습(PBL), 현상 기반 학습(PhBL), 개념 탐구 기반 학습 등을 적극적으로 도입해야 한다. 입시 위주의 주입식 교육에서 벗어나, 학생들이 실생활과 산업 현장에서 활용할 수 있는 역량을 기를 수 있도록 해야 한다.

앞으로 글로벌 기술 패권 경쟁에서 뒤처지지 않으려면, 인구 감소를 걱정할 것이 아니라 교육 패러다임을 바꾸는 것부터 시작해야 한다. 이제, 교육 개혁이 국가 생존 전략이 되어야 한다.

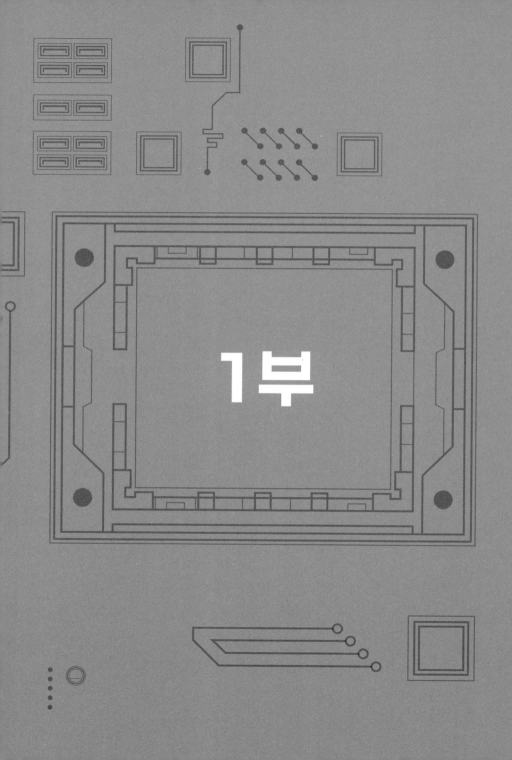

1부

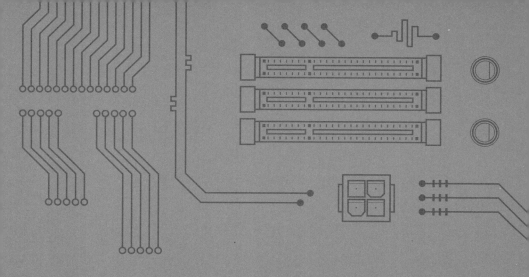

대한민국 교육,
무너지고 있다

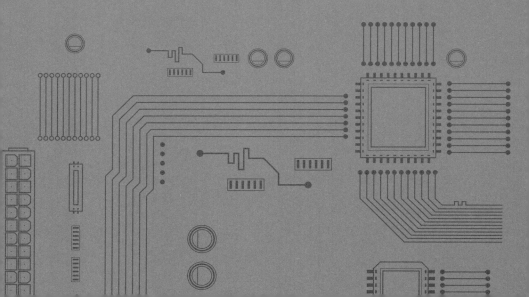

1장

AI 시대,
우리 아이들은 제대로 배우고 있는가?

AI는 적이 아니라 동료다

"AI가 인간의 일자리를 빼앗을 것이다." 이는 AI 시대를 맞아 가장 흔히 들리는 우려다. 딥러닝의 선구자인 제프리 힌튼(Geoffrey Hinton)[2] 교수조차 AI의 급격한 발전이 인간의 사고 능력을 뛰어넘고, 일자리를 대체하며, 심지어 인류에 위협이 될 수 있다고 경고했다. 그러나 과거에도 비슷한 두려움은 반복되었다. 증기기관이 등장했을 때, 자동차가 마차를 대체했을 때, 컴퓨터가 사무실로 들어왔을 때도 사람들은 기술이 인

---

[2] 제프리 힌튼(Geoffrey Hinton, 1947~): 캐나다 출신의 컴퓨터 과학자로, 딥러닝(Deep Learning)의 창시자 중 한 명이다. 2012년 토론토 대학 연구팀이 개발한 'AlexNet' 모델이 AI의 획기적인 발전을 이끌었으며, 이후 구글에 합류해 AI 연구를 지속했다. 최근에는 AI의 급격한 발전이 인간의 사고 능력을 뛰어넘을 가능성을 경고하면서도, AI가 인간과 협력하는 방향으로 발전해야 한다고 주장하고 있다.

간을 대체할 것이라 걱정했다. 하지만 결과는 달랐다. 새로운 기술은 단순한 대체가 아니라 더 높은 생산성과 효율성을 가져왔고, 이를 능숙하게 다룰 줄 아는 사람들이 시대를 주도했다.

2024년도 노벨경제학상 수상자이자 미국의 경제학자 대런 아세모글루(Daron Acemoglu)와 사이먼 존슨(Simon Johnson)[3]은 저서 '권력과 진보'에서 AI가 단순한 자동화 도구가 아니라, 인간의 생산성을 높이고 새로운 가치를 창출하는 방향으로 발전해야 한다고 강조한다. 핵심은 AI를 배척하는 것이 아니라 협력하는 법을 배우는 것이다. 특히 대규모 언어 모델(LLM)[4]과 온디바이스 AI[5] 기술이 급속히 발전하면서, AI는 더 이상 먼 미래의 기술이 아니다. 학생들은 AI와 협업하는 역량을 길러야 하며, 이를 위해 교육이 근본적으로 변화해야 한다.

---

[3]   대런 아세모글루와 사이먼 존슨(Daron Acemoglu, 1967~ & Simon Johnson, 1963~): MIT 경제학자 대런 아세모글루와 사이먼 존슨은 공동 저서 권력과 진보(Power and Progress, 2023)에서 AI가 단순히 인간의 일자리를 대체하는 방향이 아니라, 인간의 생산성을 높이고 새로운 가치를 창출하는 방향으로 발전해야 한다고 강조했다. AI가 과거 산업혁명처럼 특정 계층만 혜택을 보는 기술이 아니라, 사회 전체의 번영을 이끄는 도구로 활용되어야 한다고 분석했다.

[4]   대규모 언어 모델(LLM, Large Language Model): 대규모 언어 모델(LLM)은 대량의 텍스트 데이터를 학습하여 인간의 언어를 이해하고 생성하는 AI 모델을 의미한다. 대표적인 예로 OpenAI 챗GPT, 구글 제미나이(Gemini), 메타의 라마(LLaMA) 등이 있으며, 이러한 모델들은 자연어 처리(NLP) 기술을 기반으로 문장을 이해하고 요약하며, 창의적인 텍스트를 생성할 수 있다. 특히, 교육 분야에서도 학생들의 개별 맞춤 학습을 지원하는 데 활용될 수 있다.

[5]   온디바이스 AI(On-Device AI): 온디바이스 AI는 클라우드 서버 없이 스마트폰, 태블릿, 노트북 등 개인 기기에서 AI를 실행하는 기술을 의미한다. 기존의 AI 시스템은 클라우드 기반으로 데이터를 주고받아야 했지만, 온디바이스 AI는 데이터 프라이버시를 보호하고 네트워크가 불안정한 환경에서도 실시간 AI 기능을 수행할 수 있도록 한다. 최근 애플, 구글, 퀄컴 등에서 개발하는 AI 칩이 이 기술을 지원하고 있으며, 교육 및 헬스케어 분야에서도 활용도가 높아지고 있다.

핀란드는 이런 시대적 변화를 인식하고 2018년 핀란드 정부와 헬싱키 대학교가 공동 개발한 '엘레멘츠 오브 AI(Elements of AI)[6] '라는 무료 AI 교육 프로그램을 도입했다. 이 과정은 대학생뿐만 아니라 일반 시민들도 쉽게 AI의 기본 개념을 이해하고 실생활에서 활용할 수 있도록 설계되었다. 핀란드는 AI를 배척하는 것이 아니라 친숙하게 다가가도록 유도하는 교육 방식으로 접근했고, 그 결과, 수많은 사람들이 AI를 활용하는 법을 배우게 되었다. 반면, 한국의 교육 시스템은 여전히 암기 중심의 평가 방식을 고수하며 AI 활용 교육은 제한적이다. 지금 우리에게 필요한 것은 AI를 하나의 기술적 위협으로 여기는 것이 아니라, 어떻게 이를 우리의 삶과 학습에 접목할 것인지 고민하는 태도다.

산업혁명 때처럼 기술을 거부할 것인가, 활용할 것인가

18세기 산업혁명이 시작될 무렵, 많은 노동자들은 기계를 부수며 저항했다. 우리에게는 러다이트 운동(Luddite Movement)[7] 으로 잘 알려진

---

6) 엘레멘츠 오브 AI(Elements of AI): '엘레멘츠 오브 AI'는 핀란드 정부와 헬싱키 대학이 공동 개발한 무료 온라인 AI 교육 프로그램으로, 비전공자도 쉽게 AI 개념을 이해할 수 있도록 설계되었다. 2018년부터 운영되었으며, AI의 기본 원리, 기계 학습, 알고리즘 등에 대한 교육을 제공한다. 현재 유럽 전역에서 활용되고 있다.
7) 러다이트 운동(Luddite Movement, 1811~1817): 19세기 초 영국에서 일어난 노동자들의 저항 운동으로, 산업혁명으로 인해 기계가 노동을 대체하면서 생계가 위협받자 노동자들이 방직 기계를 부수며 반발했다. 러다이트 운동은 기술 발전이 일자리 감소를 초래할 수 있다는 사회적 불안을 상징한다.

이 저항의 원인은 새로운 기술이 자신들의 일자리를 빼앗을 것이라는 두려움 때문이었다. 하지만 조지프 슘페터가 말한 '창조적 파괴'는 피할 수 없는 과정이었다. 증기기관과 공장이 등장하면서, 전통적인 직업은 사라졌지만 새로운 산업과 일자리가 등장했다. 변화에 적응한 사람들은 기술을 활용해 더 나은 미래를 만들었고, 그렇지 못한 사람들은 도태되었다.

지금 AI 혁명도 마찬가지다. AI가 문서를 요약하고, 코드를 작성하며, 번역을 수행하는 시대가 되면서 단순한 정보 암기와 반복적인 업무는 AI가 대신할 것이다. 중요한 것은 학생들이 AI를 활용하여 더 창의적이고 복잡한 문제를 해결할 수 있도록 교육하는 것이다. 그러나 현실은 어떤가? 여전히 학교에서는 정해진 답을 맞히는 것에 집중하고 있다. 학생들은 AI를 활용하는 것이 아니라, "AI가 내 숙제를 대신해 줄 수 있을까?"라는 고민만 한다. AI를 단순한 편법 도구로 여기기보다는, AI와 협력하여 학습하고 창의적인 해결책을 도출하는 역량을 키우는 방향으로 교육이 바뀌어야 한다.

이와 같은 맥락에서 미국의 비영리 교육 플랫폼인 칸아카데미(Khan Academy)[8]는 AI 학습 도우미 '칸미고(Khanmigo)'를 도입했다. 이 AI는 단순히 정답을 제공하는 것이 아니라, 학생들이 직접 생각하고 문제를

---

8) 칸아카데미(Khan Academy, 2006~): 살만 칸이 만든 비영리 교육 플랫폼으로, 전 세계 누구나 무료로 이용할 수 있는 온라인 학습 서비스를 제공한다. 최근 AI 기반 학습 도우미 '칸미고(Khanmigo)'를 도입하여, 학생들에게 개인 맞춤형 학습을 지원하고 있다. 칸아카데미의 목표는 AI를 활용해 교육 격차를 해소하고, 학생들이 자기 주도적으로 학습할 수 있도록 돕는 것이다.

해결할 수 있도록 유도하는 역할을 한다. 결과적으로 학생들의 학습 참여도가 30% 이상 증가했고, 개별 맞춤형 학습이 가능해졌다. 반면, 한국의 교육 방식은 여전히 주입식 교육과 정답 맞히기에 초점이 맞춰져 있다. AI를 배제하는 것이 아니라 이를 학습 도구로 적극 활용할 수 있도록 변화해야 할 시점이다.

온디바이스 AI와 LLM이 교실을 바꾼다

과거에는 교실에서 인터넷 검색조차 제한적이었지만, 이제는 대규모 언어 모델(LLM)의 발전과 온디바이스 AI의 등장으로 실시간 학습 지원이 가능해질 것이다. AI가 단순한 정보 제공을 넘어 학습의 동반자로 자리잡고 있는 것이다.

온디바이스 AI는 클라우드 서버 없이 스마트폰, 태블릿, 노트북 같은 개인 기기에서 AI를 실행하는 기술을 의미한다. 최근 중국의 딥시크(DeepSeek)가 공개되면서 AI 업계에 큰 파장을 일으켰다. 이는 마치 미·중 AI 패권 경쟁에서 '스푸트니크 쇼크[9]'와 같은 충격을 준 사건으로 평가받고 있다. 하지만 동시에, 각국이 매개변수를 줄인 소형 언어 모델을 경쟁적으로 개발하는 계기가 될 것이라고 필자는 판단한다. 이러한 소

---

9)   스푸트니크 쇼크(Sputnik Shock, 1957): 1957년 10월 4일, 소련이 세계 최초의 인공위성 '스푸트니크 1호'를 발사하면서 미국 사회에 충격을 준 사건이다. 이로 인해 미국은 과학·기술 교육 강화를 위한 정책을 추진하며, NASA(미국항공우주국) 설립과 STEM 교육 확산의 계기가 되었다.

형 언어 모델들은 점점 더 효율적인 연산 구조를 갖추며, 낮은 컴퓨팅 자원으로도 구동될 수 있도록 최적화되고 있다. 특히, 온디바이스 AI 환경에서 실행될 수 있도록 개발이 가속화되면서, 데이터 프라이버시 보호와 실시간 AI 활용 가능성이 더욱 확대될 전망이다. 이는 데이터 프라이버시 문제를 해결하는 동시에 인터넷 연결이 불안정한 환경에서도 AI를 활용할 수 있도록 한다. 머지않아 학생들은 개인 AI 비서를 활용해 실시간 질문을 던지고, 답을 찾으며 자기 주도적 학습을 강화하는 방식으로 공부하게 될 것이다.

대규모 언어 모델 역시 교육 혁신의 핵심 기술로 떠오르고 있다. 오픈AI의 챗GPT, 구글 제미나이(Gemini), 메타의 라마(LLaMA)와 같은 LLM은 학생들이 복잡한 개념을 보다 직관적으로 이해하도록 돕고, 창의적인 사고를 확장하는 데 활용될 수 있다. 예를 들어, 역사 수업에서 단순히 연도를 암기하는 것이 아니라, LLM을 통해 해당 시대의 사회·정치적 맥락을 분석하고 가상의 토론을 진행하는 방식으로 학습이 변화할 수 있다.

그러나 이러한 변화에 적응하지 못한 기업과 개인들은 도태될 수 있다. 대표적인 사례가 코닥(Kodak)이다. 1975년, 코닥의 엔지니어 스티브 새슨(Steve Sasson)은 세계 최초의 디지털 카메라를 개발했지만, 경영진은 이를 폐기했다. 필름 산업이 디지털 기술로 대체될 것을 우려했기 때문이다. 그러나 결과적으로 코닥은 변화의 흐름을 거부했고, 2012년 결국 파산을 맞이했다. AI 시대의 교육도 마찬가지다. 변화에 적응하지 못하면 도태될 수밖에 없다.

결국, 우리는 AI를 어떻게 활용할 것인가?

지금 우리는 산업혁명 당시 기계를 거부했던 노동자들과 같은 갈림길에 서 있다. AI를 받아들이고 활용할 것인가, 아니면 AI에 밀려 도태될 것인가?

결국, 우리 교육이 나아가야 할 방향은 명확하다. AI를 거부하는 것이 아니라, AI를 능숙하게 다루고 창조적으로 활용하는 법을 가르치는 것. 핀란드처럼 AI를 대중적인 학습 도구로 활용할 수 있도록 교육 시스템을 개혁하고, 칸아카데미의 칸미고처럼 AI를 학습 도우미로 활용하는 방식을 연구해야 한다. 코닥의 사례처럼 변화에 적응하지 못하면 결국 경쟁력을 잃고 도태될 수밖에 없다.

우리는 이제 선택해야 한다. 변화에 맞춰 우리 교육을 혁신할 것인가, 아니면 과거의 방식에 머물러 AI 시대에 뒤처질 것인가? 미래를 주도하는 것은 기술이 아니라, 기술을 어떻게 활용하는지를 아는 사람들이다. 이제, 교육의 패러다임도 변화해야 한다.

"우리 인간도 업그레이드가 필요하다."

AI 교육, 우리는 어디에 서 있는가?

AI 기술이 빠르게 발전하고 있지만, 우리나라 교육은 이에 제대로 대응하고 있을까? 현실을 들여다보면, AI 시대를 준비하는 교육과 현재 학교에서 이루어지는 교육 사이에는 커다란 괴리가 존재한다.

현재 우리 교육은 여전히 정해진 정답을 맞히는 시험 중심의 학습에서 벗어나지 못하고 있다. 창의적 문제 해결보다는 주어진 문제를 정확히 푸는 능력을 강조하는 방식이 여전하다. 학생들은 AI를 활용하는 방법을 배우기보다는, 오히려 AI를 부정적으로 인식하거나 단순한 편법 도구로 여기게 되는 경우가 많다. "AI가 내 숙제를 대신해 줄 수 있을까?"라는 고민은 해도, "AI를 활용해 더 창의적으로 문제를 해결할 수 있을까?"라는 질문은 잘 하지 않는다.

반면, 선진국에서는 AI를 단순한 기술이 아니라 학습의 도구로 적극 활용하는 교육이 확산되고 있다. 예를 들어, 미국에서는 이미 AI를 활용한 맞춤형 교육이 보편화되고 있다. 학생 개개인의 학습 수준을 분석해 최적의 학습 경로를 제시하는 AI 기반 학습 플랫폼이 도입되면서, 학생들은 자신의 수준과 관심사에 맞는 학습을 진행할 수 있다. 또한, 핀란드에서는 AI를 활용한 창의적 사고 수업이 활발하게 이루어지고 있다. 단순히 코딩을 배우는 것이 아니라, AI를 활용해 사회 문제를 해결하는 프로젝트를 수행하면서 AI에 대한 이해를 높이고 창의력을 키우는 방향으로 교육이 이루어지고 있다.

우리나라에서도 AI 교육이 일부 시도되고 있지만, 아직 걸음마 단계에 불과하다. AI를 가르친다고 하면서도 정작 AI 기술의 본질을 이해하고 이를 활용하는 방법을 배우기보다는, 단순한 코딩 교육에 머무르는 경우가 많다. 그 결과, AI를 직접 개발할 수 있는 소수의 전문가들은 배출될지 몰라도, 대다수 학생들은 AI와 협력하며 창의적으로 활용하는 역량을 기르지 못하는 현실에 놓이게 된다.

이제는 단순한 암기식 교육에서 벗어나, AI와 함께 사고하고 문제를 해결하는 방향으로 교육이 변화해야 한다. AI는 우리에게 위협이 아니라 기회가 될 수 있다. 중요한 것은 학생들이 AI를 능숙하게 다루고 창의적으로 활용하는 능력을 키우도록 돕는 것이다. 우리 교육이 앞으로 나아가야 할 방향은 명확하다. AI를 거부하거나 두려워하기보다는, 이를 도구로 삼아 더 나은 미래를 만들어가는 법을 가르치는 것이다.

"왜 공부해야 하지?"
무너지는 학습 동기와 교권

학습 동기 붕괴, 학력 저하, 교권 추락… 공교육은 어디로?

 "공부는 왜 해야 하나요?" 이 질문은 예전에도 존재했지만, 요즘 교실에서는 더욱 절박하게 들려온다. 학생들은 자신이 배우는 내용이 현실과 동떨어져 있다고 느끼고 있으며, 학습 동기는 점점 무너지고 있다. 시험 성적을 위한 암기식 교육이 반복되는 사이, 학생들은 수업의 의미를 찾지 못하고 무기력해져 간다. "어차피 성적이 안 나오면 소용없다", "AI가 다 해주는 시대인데 굳이 외울 필요가 있나"라는 말을 거리낌 없이 내뱉는다. 그 결과, 학력 저하 문제는 심화되고 있으며, 수업을 거부하거나 엎드려 자는 학생들이 점점 늘어나고 있다.

 그러나 문제는 학생들만의 것이 아니다. 교사들도 점점 가르칠 의욕을 잃어가고 있다. "교사는 가르치는 사람이 아니냐"고 쉽게 말할 수도 있지만, 지금 교육 현장에서 교사는 수업에만 집중할 수 없는 현실에 부딪혀 있다. 학생 인권 보호를 명분으로 한 제도적 변화와 학부모들의 지나친 개입, 그리고 무분별한 악성 민원이 교사들을 옭아매고 있다.

불과 몇 년 전까지만 해도 교실에서 학생이 소란을 피우거나 수업을 방해하면 교사는 이를 제지하고 지도할 수 있었다. 하지만 지금은 단순한 생활 지도조차 학부모의 거센 항의로 이어지는 일이 다반사다. "우리 아이한테 왜 그런 말을 했죠?", "그건 훈육이 아니라 아동 학대, 인권 침해 아닙니까?" 같은 민원이 들어오면, 교사는 감정 노동에 시달리며 반복해서 사과와 해명을 해야 한다.

필자의 대학 동문인 한 교사는 이런 악성 민원에 시달리다 결국 정신적 고통을 견디지 못하고 교단을 떠났다. 몇 년 전, 한 중학교에서 함께 근무했던 교사는 수업 중 학생이 대놓고 욕설을 퍼붓자 이를 교무실로 데려가 지도하던 나를 오히려 말렸다. "괜히 문제 키우지 말고 그냥 넘겨. 더 피곤해질 뿐이야." 그는 이미 지쳐 있었다. 지도하려고 나섰다가 오히려 교사가 더 곤란한 상황에 처하는 현실 속에서, 많은 교사들은 점점 문제를 외면하는 쪽을 선택하게 된다.

이제는 교사들이 "어떻게 하면 학생을 더 잘 가르칠까?"보다 "어떻게 하면 문제없이 한 해를 넘길 수 있을까?"를 고민하는 지경에 이르렀다. 최근에는 학생들이 교사 앞에서 대놓고 비속어를 사용해도 이를 제대로 제지하지 못하는 것이 당연한 풍경이 되어가고 있다. 교사로서의 역할과 책임은 그대로인데, 정작 학생을 지도할 권한은 점점 사라지고 있는 것이다.

이렇다 보니 교실에서 제대로 된 교육이 이루어질 리 없다. 교사가 학생에게 적극적으로 다가가 가르치려 해도, 학생이 반발하면 교사는 곧장 '인권 침해'라는 올가미에 걸릴 수 있다. 학생들은 이를 점점 더 잘 알고 있다. "우리 엄마가 교육청에 바로 민원 넣을 거예요"라는 말이 교사에게 협박처럼 들릴 때도 있다. 이러한 상황에서 교사들은 "차라리 문제를 만들지 말고 조용히 지나가자"는 심정으로 가르치는 행위 자체를 최소화하는 방향으로 움직이게 된다.

물론, 학생 인권 보호는 중요한 가치다. 그러나 교사의 지도권이 과도하게 약화되면서 수업의 질이 떨어지고, 그 피해가 고스란히 학생들에게 돌아가고 있다는 점도 간과해서는 안 된다. 교육이란 단순히 지식을 전달하는 것이 아니라, 올바른 태도와 사고방식을 함께 길러주는 과정이어야 한다. 하지만 지금의 학교에서는 교사들이 학생을 지도할 권한을 거의 잃어버린 채, 하루하루 수업을 유지하는 데 급급한 상황이다.

한때 대한민국을 선진국 반열에 올려놓았던 공교육은 이제 길을 잃고 있다. 학생들은 학습 동기를 잃고 있으며, 교사들은 가르칠 의욕을 잃고 있다. 이제는 교사와 학생이 함께 성장할 수 있는 교육 환경을 다시 만들어야 한다. 학생들이 단순히 시험 점수만을 위해 공부하는 것이 아니라, 배운 지식을 실생활과 연결하고 문제 해결력을 기를 수 있도록 교육의 방향을 재설정해야 한다. 그리고 무엇보다, 교사들이 가르치는 본연의 역할에 집중할 수 있도록, 과도한 간섭과 악성 민원에서 벗어날 수 있는 환경을 조성해야 한다. 그래야만 학교가 다시 교육의 장으로 기능할 수 있다.

학교는 단순히 지식을 전달하는 곳이 아니다. 학생들이 도덕과 인성을 배우고, 사회를 간접적으로 경험하며 성장하는 공간이어야 한다. 기쁨과 슬픔, 성공과 실패, 경쟁과 협력 등 이 모든 경험이 학생들의 성장 과정에서 중요한 역할을 한다. 그러나 지금의 학교는 점점 그 본래의 기능을 잃어가고 있다.

학생들이 학교를 단순히 지나가는 과정으로 여기지 않도록, 교육이 다시 삶과 연결될 수 있도록 변화가 필요하다. 배움이 시험 점수를 위한 것이 아니라, 실생활 속에서 의미를 찾고 문제를 해결하는 과정이 될 때, 학교는 다시금 살아 있는 교육의 장이 될 수 있다. 이제는 단순한 개혁이 아니라, 학생과 교사 모두가 함께 성장할 수 있는 환경을 만드는 근본적인 변화가 필요한 때다.

용이 태어날 개천조차 사라진 사회

또 다른 심각한 문제는 교육 격차가 계층 격차를 더욱 고착화하고 있다는 점이다. 부모의 경제력이 곧 자녀의 교육 환경을 결정하는 현실이 당연시되고 있으며, 공교육은 이 격차를 해소하기는커녕 점점 따라잡지 못한 채 뒷걸음질 치고 있다. 사교육이 활발한 지역과 그렇지 않은 지역 간의 교육 격차는 점점 더 벌어지고 있으며, 이는 단순한 학업 성취도의 차이를 넘어, 사회적 계층 이동성까지 제한하는 구조적 문제가 되어가고 있다.

이러한 현실은 내가 직접 여러 지역에서 교사로 근무하면서 더욱 피부로 느낀 부분이다. 경기도의 한 지역에서 근무할 때, 나는 담임을 맡으며 학생들에게 "공부해서 이루고 싶은 것이 무엇이냐"고 자주 물었다. 일부 학생들은 막연히 "잘 살아야죠"라고 대답했지만, 구체적인 목표를 이야기하는 경우는 드물었다. 현 근무지(분당)와 비교해서 상대적으로 학습에 대한 관심이 비교적 낮았고, 교실 분위기 역시 사교육보다는 공교육에 의존하는 경향이 컸다. 학생들 스스로도 학업이 미래를 결정짓는다는 인식이 뚜렷하지 않았고, 부모들 역시 교육보다는 현실적인 생계를 우선순위로 두는 경우가 많았다.

 반면, 학구열이 높기로 알려진 분당으로 학교를 옮기니 분위기가 완전히 달랐다. 학생들은 수업 중에도 적극적으로 손을 들고 질문했으며, 특히 평가와 관련된 내용일 경우 그 열기는 더욱 뜨거웠다. 학업 성취에 대한 관심이 높았고, 좋은 성적을 받기 위한 전략적인 접근이 자연스럽게 이루어지고 있었다. 학부모들 또한 교육에 대한 열의가 높아, "우리 아이가 어떤 학원을 다녀야 할까요?", "어떤 과목을 더 집중적으로 공부해야 할까요?" 같은 질문이 끊이지 않았다. 학생들은 이미 초등학교 때부터 대학을 목표로 학습 계획을 세우고 있었고, 고등학교에 입학하자마자 의대 등의 상위권 대학을 꿈꾸며 스스로 공부할 방향을 정해나갔다. 학부모들의 적극적인 개입과 풍부한 교육 자원 덕분에, 이 지역 학생들은 자연스럽게 높은 학업 성취도를 보였다.

 이렇듯, 같은 경기도 내에서도 지역에 따라 학습 열기와 교육 환경이 극명하게 다르다. 사교육이 발달한 지역에서는 학생들이 더욱 높은 목표를 설정하며 치열한 경쟁을 이어가고, 이러한 교육 열기가 지역 전체의 학업 수준을 끌어올린다. 반면, 교육에 대한 관심이 상대적으로 낮은 지역에서는 학생들이 학업에 대한 동기를 찾지 못하고, 자연스럽게 학력 격차가 벌어지는 악순환이 이어진다.

이러한 격차는 시간이 지날수록 더욱 심화되고 있으며, 이는 단순한 개인의 노력 문제가 아니라 지역 사회가 만들어내는 구조적 문제로 자리 잡고 있다. 특정 지역의 학생들은 양질의 교육 자원을 기반으로 상위권 대학으로 진학하며 계층 이동의 기회를 잡지만, 그렇지 못한 지역의 학생들은 점점 더 공교육에 의존하며 경쟁에서 밀려나는 현실을 마주한다. 결국, 교육 격차는 사회적 격차로 이어지고, 이는 다시 경제적 불평등을 심화시키는 악순환을 만들어낸다.

더 큰 문제는 이러한 교육 격차가 개인의 선택을 넘어 사회 전반의 경제 구조와도 깊이 연결되어 있다는 점이다. 미국 경제학자 대런 아세모글루(Daron Acemoglu)와 제임스 로빈슨(James Robinson)은 저서 '국가는 왜 실패하는가(Why Nations Fail)'에서 포용적 경제제도가 계층 이동성을 보장하는 핵심 요소라고 강조했다. 즉, 모든 개인이 동등한 경제적 기회와 인센티브를 제공받을 때 사회는 지속적으로 성장할 수 있다는 것이다. 그러나 지금의 대한민국은 그러한 포용성을 점점 잃어가고 있다.

특히, 교육에 대한 부담은 단순히 학업 성취도를 넘어, 가정의 경제 상황까지 직접적으로 압박하고 있다. 자녀의 교육에 대한 관심이 높은 학부모들은 빚을 내면서까지 사교육에 모든 역량을 쏟아붓고 있으며, 이로 인해 사교육이 발달한 지역의 부동산 가격은 천정부지로 치솟고 있다. 명문 학군이 형성된 지역은 부모들의 수요가 몰리면서 주거 비용이 급격히 상승하고, 이러한 부담은 다시 젊은 청년층이 결혼을 기피하고 출산을 포기하는 악순환으로 이어지고 있다. '교육을 잘 시키려면 이 지역으로 이사 와야 한다'는 사회적 압박이 결국 주거 문제로 연결되고, 이는 저출산 문제를 심화시키는 요인이 되고 있는 것이다.

그렇다면, 대한민국은 과연 여전히 기회의 땅인가? 아니면 이미 기회가 닫혀버린 사회가 되어버린 것인가?

교육이 다시 희망이 되려면, 우리는 이 불평등의 고리를 끊어야 한다. 학생들이 단순한 시험 준비를 넘어, 실제 사회에서 필요한 역량을 기를 수 있는 교육을 제공해야 하며, 누구나 경제적 여건과 관계없이 양질의 교육을 받을 수 있는 시스템을 만들어야 한다. 교육이 특정 계층만이 누릴 수 있는 특권이 되는 순간, 사회의 역동성은 사라지고, 젊은 세대는 더 이상 노력할 동기를 잃어버릴 것이다.

만약 지금의 흐름을 멈추지 못한다면, 더 이상 '개천에서 용이 나는 나라'가 아니라, '용이 태어날 개천조차 사라진 사회'가 되어버릴 것이다.

"이게 내 인생에 무슨 도움이 되죠?" — 교육과 현실의 괴리

학생들은 매일같이 교실에서 수업을 듣고 문제를 푼다. 하지만 정작 그 배움이 자신의 삶과 어떻게 연결되는지는 쉽게 와닿지 않는다. 미적

분을 배우지만, 일상에서 어디에 써야 하는지는 모른다. 문학 작품을 읽지만, 그 감상이 왜 중요한지 설명해 주는 사람은 없다. 역사를 공부하지만, 과거의 사건들이 현재와 어떤 관계를 맺는지 체감할 기회가 없다. 결국 학교에서 배우는 모든 것이 시험을 위한 지식으로만 남고, 현실과는 동떨어진 개념처럼 느껴진다.

핀란드에서는 이런 문제를 해결하기 위해 학생들이 직접 주제를 정하고 프로젝트를 수행하는 방식으로 수업을 운영한다. 한 한국 학생이 교환학생으로 핀란드 학교를 방문한 적이 있었다. 그는 한국에서처럼 정해진 문제를 풀고 시험 점수에 집중하는 것이 당연하다고 생각했다. 하지만 핀란드에서는 모든 수업이 한 가지 질문에서 시작되었다. "나는 어떤 사람이 되고 싶은가?" 학생들은 단순히 교과 내용을 암기하는 것이 아니라, 그 지식을 현실에서 어떻게 활용할 수 있는지 탐구하며 배워나갔다.

반면, 우리의 학교는 여전히 정해진 지식을 주입하고, 그것을 암기해 시험을 치르는 방식에 머물러 있다. "이걸 배워서 어디에 쓰는 거지?"라는 질문에 대한 답을 찾지 못한 채, 학생들은 점점 학습의 의미를 잃어간다.

이를 해결하기 위해 선진 교육에서는 '문제 해결형 학습(PBL)'을 적극적으로 도입하고 있다. 예를 들어, 한 덴마크 중학교에서는 '친환경 도시 프로젝트'를 수행했다. 처음엔 한 학생이 단순히 "학교 주변에 쓰레기가 너무 많다"는 문제의식을 가졌을 뿐이었다. 그러나 프로젝트를 진행하며 그는 도시의 환경 문제와 관련된 데이터를 수집하고, 해결책을 고민하면서 수학과 통계의 필요성을 깨달았다. 정책을 제안하는 과정에서 사회과학적 접근법도 익히게 되었다.

그제야 그는 배움이 단순한 암기가 아니라, 현실 문제를 해결하는 도구라는 사실을 실감했다. 이러한 프로젝트 기반 학습 방식은 교육 선진국에서 활발히 활용되고 있다. 이제 한국 교육도 단순한 암기식 학습에서 벗어나, 학생들이 현실 속 문제를 해결하는 과정에서 배우도록 변화해야 한다.

그렇다면 우리는 어떤 교육을 해야 할까? 학생들에게 배움의 의미를 찾아주려면, 먼저 그들이 어떻게 배우는지를 이해해야 한다. 피아제와 비고츠키의 인지발달이론은 이 질문에 중요한 시사점을 제공한다.

1. 피아제: 배우는 것은 곧 탐구하는 것이다

피아제(Jean Piaget)는 인간이 환경과 끊임없이 상호작용하며 사고를 발달시킨다고 보았다. 그의 이론에 따르면, 학생들은 단순히 주어진 지식을 외우는 것이 아니라, 직접 경험하고 탐구하는 과정에서 사고를 확장한다. 한마디로, 학습은 수동적인 것이 아니라, 능동적인 과정이어야 한다.

만약 교실에서 학생들에게 "다학문적 관점에서 태양광 에너지는 왜 필요할까?"라는 질문을 던진다면 어떻게 될까? 학생들은 자료를 조사하고, 태양광 패널을 직접 설계하고, 실험을 하면서 그 필요성을 깨닫게 된다. 단순히 교과서에서 개념을 읽는 것과는 완전히 다른 배움이 이루어진다. 피아제의 이론을 적용하면, 학생들에게 정답을 가르치는 것이 아니라, 질문을 던지고 답을 찾아가도록 유도하는 것이 교육의 핵심이 되어야 한다.

2. 비고츠키: 함께 배울 때 더 깊이 이해한다

반면, 비고츠키(Lev Vygotsky)는 학습이 개인적 탐구를 넘어서 사회적 상호작용을 통해 더욱 심화된다고 주장했다. 그는 근접발달영역(ZPD, Zone of Proximal Development) 개념을 통해, 학생이 혼자서는 해결하기 어려운 문제라도 더 유능한 또래나 교사의 도움을 받으면 해결할 수 있다고 설명했다.

이 원리를 교육에 적용하면, 협력적 문제 해결 과정이 필수적이라는 결론에 도달한다. 혼자 교사의 강의를 듣고 공부하는 것이 아니라, 학생들이 서로 협력하며 문제를 해결하는 과정 속에서 학습이 촉진되는 것이다. 예를 들어, '환경 오염 문제'를 해결하는 프로젝트를 수행한다고 가정해 보자. 한 학생은 수학적 모델링을 담당하고, 다른 학생은 환경 정책을 조사하며, 또 다른 학생은 공학적 해결책을 탐구한다. 각자의 역할을 수행하며 서로의 지식을 결합하는 과정에서, 배움은 훨씬 더 깊어진다.

피아제와 비고츠키의 이론을 종합하면, 교육은 학생들이 스스로 탐구하고, 협력하며 문제를 해결하는 방향으로 변화해야 한다. 이를 실현하는 가장 효과적인 방법이 바로 PBL(문제 해결형 학습)과 PhBL(현상 기반 학습) 이다.

문제 해결형 학습(PBL)과
현상 기반 학습(PhBL)이 필요한 이유

 학습 동기가 무너지고 있는 지금, 학생들이 능동적으로 사고하고 문제를 해결할 수 있도록 교육 방식을 바꿔야 한다. 단순 암기식 학습에서 벗어나, 스스로 문제를 정의하고 해결하는 경험을 통해 배우는 것이 핵심이다. 이를 위한 대표적인 탐구 수업 방법이 문제 해결형 학습(PBL)과 현상 기반 학습(PhBL)이다.

 PBL은 현실적 문제를 해결하는 과정에서 학습이 이루어지는 방식이다. 단순히 교사의 설명을 듣는 것이 아니라, 직접 탐구하고 해결책을 찾는 과정에 몰입하면서 학습이 깊어진다. 덴마크의 한 고등학교에서는 학생들에게 '노인들이 쉽게 사용할 수 있는 스마트폰 앱을 설계하라'는 과제를 부여했다. 학생들은 실제로 노인들과 인터뷰하며 불편함을 조사했고, UI[10] 디자인을 배워 프로토타입을 만들었다. 프로젝트가 끝난 후 학생들은 "내가 만든 앱이 진짜 도움이 될 수도 있겠구나!"라는 성취감을 느꼈다.

 PhBL(현상 기반 학습)은 단순한 지식 전달이 아니라, 학생들이 현실 속

---

10) UI 디자인(User Interface Design): UI(User Interface, 사용자 인터페이스) 디자인은 사용자가 소프트웨어, 웹사이트, 모바일 앱 등과 상호작용할 때 시각적으로 접하는 화면을 설계하는 과정이다. UI 디자인의 핵심 목표는 사용자의 편의성을 극대화하는 것으로, 레이아웃, 색상, 타이포그래피, 버튼 등의 요소를 최적화하여 직관적이고 효율적인 사용자 경험(UX, User Experience)을 제공하는 것이다. 대표적인 UI 디자인 도구로는 Figma, Adobe XD, Sketch 등이 있으며, UI 디자인은 AI, 반도체 설계, 웹·앱 개발 등 다양한 산업에서 필수적인 요소로 자리 잡고 있다.

문제를 탐구하고 해결하는 과정을 중심으로 진행된다. 1학기 2차 정기 고사(기말고사)를 마치고 나면 여름 방학 사이에 약 2주간 성적 확인을 하거나 생활기록부 작성 등으로 많은 학교들이 다양한(?) 특별 활동을 하며 시간을 보내는 경우가 많은데 현재 근무하는 학교의 특징으로 교과 융합을 토대로 한 탐구 기반 수업을 진행한다. 작년 여름, 필자는 '내가 살고 싶은 도시 만들기 – 미래 도시 설계'라는 프로젝트를 운영했다. 학생들은 단순히 이상적인 도시를 구상하는 것이 아니라, 실제로 지속 가능하고 효율적인 도시를 설계하기 위해 다양한 교과를 융합하며 깊이 있는 탐구를 진행했다.

과학 시간에는 태양광, 풍력, 지열 등 친환경 에너지원의 장단점을 분석하고, 스마트 기술을 활용한 에너지 효율 극대화 방안을 연구했다. 수학 시간에는 교통 시스템 최적화를 위해 도로망 설계와 대중교통 운영 방식을 계산하며, 실제 도시 계획에서 교통체증을 줄이는 방법을 고민했다. 사회 시간에는 도시의 인구 증가에 따른 주거 공간 문제, 경제적 지속 가능성을 고려한 재정 운영, 사회적 인프라 확충 방안을 논의했다. 체육 시간에는 건강 체력의 요소를 먼저 파악하고, 건강 체력을 증진시키기 위한 도시의 운영방식, 인프라, 재정 등을 이용해 구체적인 시설을 작성했고, 미술 시간에는 도시의 공공 미술과 건축 디자인을 설계하며, 미적 요소가 시민의 삶의 질에 미치는 영향을 탐색했다.

내가 살고 싶은 도시 마을 건설(체육)

- 조원 성명(학번) :

◆ 건강체력 요소 자세히 알기 : 근력, 근지구력, 심폐지구력, 유연성, 체지방율

_____

◆ 내가 현재 살고 있는 도시의 체력 증진을 위한 환경(시설, 재정, 위치, 기구 등)의 문
제점 파악하기 :

_____
_____
_____
_____
_____

◆ 내가 살고 싶은 도시의 건강체력을 증진 시킬 수 있는 환경 조성하기
   (예-친환경 운동기구, 첨단 운동시설, 건강 관련 시설 등) :

_____
_____
_____
_____
_____

	내가 살고 싶은 도시 마을의 체력증진 인프라 작성하기 (운영방식, 위치, 공적자원, 사적자원, 재정, 인프라, 감사, 인구밀도 등 고려)
설명 또는 그림 을 뒷장과 연결 해서 작성하세 요	

〈PhBL 체육교과 학습지의 예〉

프로젝트의 마지막 단계에서는 조별로 설계한 도시를 발표하고, 토론
을 통해 아이디어를 검증하는 과정을 거쳤다. 여기서 학생들은 단순히
자기 팀의 아이디어를 설명하는 것이 아니라, 다른 조의 피드백을 바탕

으로 문제점을 인식하고 개선하는 작업을 반복했다. 특히, 현실적인 도시 문제를 해결하는 과정에서 데이터 분석과 논리적 사고가 중요하다는 점을 깨닫고, 무분별한 정보가 넘쳐나는 시대에 정확한 팩트 체크의 필요성을 체험했다. 가짜뉴스와 편향된 정보가 판치는 현대 사회에서, 학생들은 비판적 사고력을 기르며 올바른 의사 결정을 내리는 힘을 키울 수 있었다.

이 프로젝트는 단순한 교과 지식 습득이 아닌, 실생활에서 필요한 문제 해결 능력을 키우는 교육이 되어야 한다는 점을 다시 한번 확인하게 했다. 학생들은 단순히 '학습'하는 것이 아니라, '도시 설계자'가 되어 실제 사회 문제를 해결해 보면서 학습의 의미를 스스로 찾아갔다.

이처럼 PBL과 PhBL은 학생들이 단순히 지식을 암기하는 것이 아니라, 현실 문제를 해결하는 과정에서 몰입 경험을 극대화하는 교육 방식이다. 몰입 상태에서는 학생들이 과제에 깊이 빠져들며, 외부 방해 요소 없이 높은 집중력을 유지할 수 있다. 이 과정에서 자기 효능감이 높아지고, 학습의 즐거움을 경험하며, 지속적인 학습 습관이 형성된다. 또한, 협력과 토론 과정에서 사회성과 의사소통 능력이 향상되며, 창의적인 문제 해결이 요구되는 다양한 상황에서도 중요한 역량이 된다.

기존 교육 방식이 학생들의 학습 동기를 떨어뜨리고 있다면, 이제는 변화를 모색해야 할 때다. 학생들이 학습 과정에서 몰입하고, 문제를 해결하면서 성취감을 느끼며, 현실과 유기적으로 연결된 학습을 경험할 수 있도록 교육 모델을 전환해야 한다.

8장에서 AI와 결합한 수업 도구에 대해 더 자세히 설명하겠지만, 필자는 강의식 수업을 완전히 없애고 모든 교과에 일괄적으로 탐구 기반 학습을 적용하자는 것이 아니다. 마치 논술형 평가가 평가 방식의 한 요소로 활용되듯이, 먼저 일부 교과에서 탐구 기반 수업을 도입한 뒤 점진적으로 전 교과로 확장해 나가는 것이 현실적인 접근 방식이다.

이러한 변화는 학생들에게 단순한 암기를 넘어, 스스로 사고하고 탐구하는 유의미한 학습 경험을 제공할 것이다. 이제 교실에서 "이게 내 인생에 무슨 도움이 되죠?"라는 질문이 더 이상 나오지 않도록 교육을 바꿔야 할 때다. 학생들이 단순한 지식 습득을 넘어 문제를 해결하고, 배운 내용을 실제 삶과 연결할 수 있도록, 교육의 방향을 새롭게 설정해야 한다.

구분	피아제	비고츠키
학습 방식	개인이 스스로 문제를 해결하며 인지 구조를 변화시킴 (자기주도적 학습)	사회적 상호작용을 통해 학습하며, 교사와 동료가 '비계(Scaffolding, 학습자를 돕는 활동)'를 제공
PBL 적용	학생들이 개별적으로 문제를 해결하고, 기존 개념을 수정 및 확장하는 과정	팀 기반 협력을 통해 '비계'를 제공받으며 문제 해결 능력을 키움
PhBL 적용	다양한 현상을 탐구하며 개념을 연결하고 확장하는 자기 주도적 학습	사회적 맥락에서 도구를 활용하여 실제 문제를 해결하는 학습

〈피아제와 비고츠키의 차이를 반영한 PBL/PhBL 적용 방식〉

학습 동기를 되살리고, 교육을 현실과 연결해야 한다

현재 우리의 교육은 학생들에게 "왜 공부해야 하는가?"라는 질문에 제대로 답을 주지 못하고 있다. 학생들은 배운 내용이 현실과 어떤 관련이 있는지 이해하지 못한 채, 단순히 시험을 위한 암기와 문제 풀이에 집중하고 있다. 그 과정에서 학습 동기는 점점 사라지고 있으며, 공부가 즐거운 경험이 아니라 그저 버텨야 하는 과정으로 전락하고 있다.

더 큰 문제는 이러한 교육 방식이 사회적 불평등을 더욱 심화시키고 있다는 점이다. 부모의 경제력이 곧 자녀의 교육 기회로 직결되면서, 학습 환경이 좋은 학생들은 꾸준히 학습 동기를 유지하며 성장할 수 있지만, 그렇지 못한 환경에 놓인 학생들은 공교육에 의존할 수밖에 없다. 그러나 지금의 공교육은 이러한 격차를 해소하기는커녕 점점 더 따라가지 못하고 있다. 교육이 더 이상 '기회의 사다리'가 아니라, 특정 계층만이 혜택을 누릴 수 있는 구조로 굳어지고 있는 것이다.

한편, 교사들도 가르칠 의욕을 잃어가고 있다. 학생들을 지도하려 해도 학부모의 과도한 개입과 악성 민원으로 인해 오히려 교사가 불이익을 받는 경우가 늘어나면서, 수업에 적극적으로 개입하기보다 문제없이 한 해를 넘기는 것이 목표가 되어가고 있다. 학생들의 학습 태도를 바르게 잡아주려는 지도조차 '인권 침해'나 '아동 학대'로 몰리는 현실에서, 교사들은 지도보다는 방관을 택할 수밖에 없게 된다. 교사가 교육자로서 본연의 역할을 하지 못할 때, 결국 그 피해는 학생들에게 돌아간다.

이제는 교육의 방향을 바꿔야 한다. 학생들이 단순한 시험 준비를 넘어, 실생활에서 활용할 수 있는 역량을 기를 수 있도록 교육 방식을 전환해야 한다. 이를 위해 문제 해결형 학습(PBL)과 현상 기반 학습(PhBL) 같은 탐구 중심의 교육 방법이 필요하다. 학생들이 직접 문제를 정의하고 해결하는 경험을 통해 배움을 삶과 연결할 수 있도록 해야 한다. 또한, 교사들이 온전히 가르칠 수 있는 환경을 조성하고, 과도한 외부 간섭에서 벗어날 수 있도록 교육 시스템을 개선해야 한다.

결국, 교육이 현실과 연결될 때, 학생들은 다시 학습의 의미를 찾을 수 있다. 더 이상 "이게 내 인생에 무슨 도움이 되죠?"라는 질문이 나오지 않는 교실을 만들기 위해, 우리는 지금 변화를 시작해야 한다. 교육이 변하지 않으면, 대한민국의 미래도 변할 수 없다.

함께 생각해보기

PBL과 PhBL의 차이점은 무엇인가?

문제 해결형 학습(**PBL: Problem-Based Learning**)과 현상 기반 학습(**PhBL: Phenomenon-Based Learning**)은 모두 학습자가 주도적으로 문제를 해결하는 경험을 통해 배우는 방식이지만, 접근 방식과 초점에서 차이가 있다.

❶ PBL (Problem-Based Learning, 문제 해결형 학습)
- **핵심 개념**: 특정한 문제(problem)를 해결하는 과정에서 학습이 이루어

진다.

- **학습 과정**: 실제 또는 가상의 문제를 제시한 후, 학생들이 문제를 분석하고 해결책을 찾아가는 방식으로 진행된다.
- **적용 사례**: 의학 교육에서 PBL이 가장 활발히 활용되는데, 예를 들어 의료 학생들이 환자의 증상을 분석하고 진단 및 치료법을 찾아가는 과정에서 학습이 이루어진다. 또한, 공학, 경영학, 법학 등의 분야에서도 광범위하게 사용된다.
- **학습 효과**: 문제 해결 능력, 자기주도 학습, 비판적 사고력, 협업 능력 강화.

❷ PhBL (Phenomenon-Based Learning, 현상 기반 학습)

- **핵심 개념**: 하나의 "현상(phenomenon)"을 중심으로 다학문적 접근을 통해 학습이 이루어진다.
- **학습 과정**: 특정 주제를 선정한 후, 여러 교과(과학, 사회, 윤리, 수학 등)의 내용을 융합하여 문제를 탐구한다.
- **적용 사례**: 핀란드 교육에서는 기후 변화, 스마트 도시, 에너지 위기 같은 현안을 중심으로 과학, 경제, 정치, 윤리 등의 다양한 관점을 접목해 학습하는 방식으로 활용된다.
- **학습 효과**: 통합적 사고력, 창의적 문제 해결력, 다양한 교과 간 연결 능력, 비판적 사고력 향상.

두 개념의 차이점

구분	문제 해결형 학습 (PBL)	현상 기반 학습 (PhBL)
초점	구체적인 문제 해결	광범위한 현상을 다학문적으로 탐구
적용 방식	특정 문제를 중심으로 해결책 찾기	다양한 학문을 융합하여 현상을 탐구

구분	문제 해결형 학습 (PBL)	현상 기반 학습 (PhBL)
학습 접근	해결 과정에서 필요한 개념을 학습	다양한 교과 간 연결과 융합적 사고 강조
대표 사례	의학 교육(환자 사례 해결), 공학 문제 해결 프로젝트	핀란드 교육 (기후 변화, 에너지 위기 등)

국제적으로는 어떤 개념이 더 유효하게 쓰일까?

국제적으로는 **PBL이 더 보편적으로 사용되고 있으며**, 특히 의료, 공학, 경영, 법학 분야에서 적극적으로 활용되고 있다. PBL은 학생들의 문제 해결 능력을 향상시키는 데 효과적이며, 세계 여러 대학과 직업 교육 과정에서 중요한 교수법으로 자리 잡았다. 특히, 미국과 유럽의 대학에서는 의료 및 공학 교육에서 PBL이 표준적인 방식으로 사용된다.

반면, **PhBL은 핀란드를 중심으로 초·중등 교육에서 활발히 도입되고 있는 개념**으로, 학문 간의 통합적 사고를 강조하는 흐름에서 주목받고 있다. 다만, PhBL이 비교적 최근에 확산된 개념이므로, 글로벌 교육 현장에서 PBL만큼 널리 정착된 것은 아니다. 그러나 과목 간 경계를 허물고 창의적인 문제 해결력을 기르는 교육 방식이 중요해지면서, 점차 다른 국가들도 관심을 갖고 있는 추세다.

3장

저출산보다 더 큰 문제:
청년이 사라진다

청년들에게 필요한 것은 숫자가 아니라 기회다

"저출산에 380조원... 다 어디로 갔나요"

국회 예산정책처에 따르면 정부는 2006년부터 지난해까지 저출산 예산으로 약 380조 원을 쏟아부었다. 그러나 조 씨 부부 같은 청년들은 "피부에 와닿는 지원이 거의 없다. 어디에 다 쓴 건지 모르겠다"고 고개를 젓는다. 합계출산율은 같은 기간 1.13명에서 0.72명으로 급감했다. 통계청이 24일 발표한 인구동향에 따르면 2월 출생아 수는 1만9362명으로 2만 명 선이 깨졌다. 1년 전보다 3.3% 줄며 2월 출생아 수가 처음 2만 명 밑으로 내려간 것이다...(중략) 〈2024.04.25. 동아일보〉

필자는 저출산이 문제가 아니라는 것이 아니라, 그보다 더 근본적인 문제를 짚고자 한다는 점을 먼저 밝힌다. 물론, 책의 제목에는 독자의 관심을 끌고자 하는 의도도 일부 담겨 있다. 인간 사회는 환경과 필요에 따라 변화해왔다. 농경사회에서는 노동력이 생존과 직결되었기에 많은 자녀를 두는 것이 경제적 안정과 노후 보장의 수단이었지만, 산업화와 도시화가 진행되면서 출산율은 자연스럽게 감소했다. 이는 단순히 한국만의 문제가 아니라 독일, 일본, 싱가포르, 대만 등 경제가 일정 수준에 도달한 국가들이 공통적으로 겪은 흐름이다. 저출산이 국가적 위기라고 하지만, 정말 문제의 본질이 단순한 인구 감소일까? 물론 급격한 인구 감소로 인해 경제 성장 둔화, 세수 부족, 연금 개혁 등의 문제가 발생하는 것은 사실이다. 하지만 과거 선진국들의 사례를 보면 출산율을 높이기 위해 단순히 돈을 쏟아붓는 방식이 효과적이지 않았다는 점도 분명하다.

우리는 저출산이 해결되기를 바라지만, 단순한 재정 정책만으로는 인구 감소 문제를 근본적으로 해결할 수 없다. 출산율을 결정하는 것은 단순히 경제적 지원이 아니라 사회적 인식과 가치관의 변화이며, 이것은 정부가 돈을 풀어 조정할 수 있는 영역이 아니다. 출산율을 높이기 위해 대대적인 지원책을 마련한 프랑스조차도 출산율을 높게 유지하는 데 어려움을 겪고 있고, 일본 역시 30년 동안 출산 장려 정책을 펴왔지만 결과는 기대만큼 나오지 않았다. 반대로 필리핀처럼 아직도 산아제한 정책을 실시하는 국가도 있다. 즉, 단순히 출산율이 낮다고 위기이고 높다고 무조건 좋은 것이 아니라, 그 시대와 경제 구조에 맞는 적절한 일자리와 사회 구조가 뒷받침되어야 한다는 점이 더 중요하다.

　출산율이 높았던 과거에는 경제가 빠르게 팽창하며 자연스럽게 많은 일자리가 창출되었다. 하지만 지금은 AI와 자동화가 발전하면서 단순히 인구를 늘리는 것이 경제 성장을 보장하지 않는다. 기존의 단순 노동 일자리는 점차 사라지고 있으며, 경제가 일정 수준에 도달하면 출산율은 자연스럽게 낮아질 수밖에 없다. 더 중요한 문제는 새로운 산업이 등장하지 않으면 출산율이 높더라도 청년 세대가 안정적인 일자리를 찾기 어려워진다는 점이다. 과거에는 제조업 중심의 산업이 성장하며 수많은 일자리를 창출했지만, 지금은 미래 산업의 변화에 따라 새로운 일자리 구조가 필요하다. 그렇지 않으면 청년층은 단순히 일자리가 부족한 것이 아니라, '미래에 대한 희망' 자체를 잃게 된다.

　현재 한국에서 더 중요한 문제는 '얼마나 많은 아이가 태어나는가'가 아니라 '태어난 아이들이 어떤 사회에서 살아갈 것인가'이다. STEM(과학·기술·공학·수학)[11] 분야의 인재 부족은 단순한 저출산 문제가 아니라, 청년층이 해당 분야를 기피하는 구조적인 문제에서 비롯된다. 경쟁력 있는 STEM 교육과 연구 환경이 부족하고, 연구개발(R&D) 분야의 낮은 보상과 사회적 인식이 STEM 기피 현상을 심화시키며, 많은 인재들이 더 나은 연구 환경을 찾아 해외로 빠져나가고 있다. 이처럼 인구가 늘어난다

---

11)　STEM(Science, Technology, Engineering, Mathematics): STEM은 과학(Science), 기술(Technology), 공학(Engineering), 수학(Mathematics)의 약자로, 21세기 산업과 경제를 주도하는 핵심 학문 분야를 의미한다. 미국 등 선진국에서는 STEM 교육을 국가 전략 차원에서 강화하고 있으며, AI, 반도체, 바이오테크, 우주항공 등의 미래 산업에서 STEM 인재의 중요성이 커지고 있다. 특히, 한국에서는 의대 쏠림 현상이 STEM 인재 부족으로 이어지고 있어, 정부 차원의 STEM 교육 강화 및 연구 지원이 시급한 상황이다.

고 양질의 일자리가 자동으로 생기는 것이 아니라, 경제와 산업이 그 변화를 뒷받침해야 한다.

단순히 출산율을 높이려는 정책보다 '미래 세대가 경쟁력을 갖출 수 있는 환경을 어떻게 만들 것인가'에 집중해야 한다. AI, 반도체, 바이오, 로봇 등 미래 산업을 선도할 인재를 육성하고, 실무 중심 교육과 산학 협력을 강화하며, STEM 전공자의 연구 지원을 확대해야 한다. 또한, 단순한 기업 성장만이 아니라 생산성 혁신을 통해 청년들이 미래를 설계할 수 있도록 해야 하며, 국내 연구 환경과 보상을 개선해 글로벌 인재 유출을 막아야 한다.

선택해야 할 길은 명확하다. 단순한 인구 증가보다 중요한 것은 청년들이 미래를 낙관하고 도전할 수 있는 환경을 만드는 것이다. 산업 혁신과 교육 개혁 없이 출산율을 높이는 것은 근본적인 해결책이 될 수 없다. 이제 우리는 미래 세대가 경쟁력을 갖추고 지속 가능한 성장을 이룰 수 있도록, 교육과 산업을 연결하는 실질적인 개혁을 시작해야 한다.

학생 수 감소? 진짜 문제는 인재 유출

"1등부터 줄세워 의대 가는 나라에선 '판 바꾸는 혁신' 어렵다"

"미국 경제가 잘나가는 것은 판을 바꾸는 기술 기업이 있기 때문입니다. 아마존 테슬라 등은 없던 것을 만들었죠. 선진국 중 꼴찌인 한국이 도약하려면 혁신이 필요합니다. 병원산업은 낙수효과와 국부 창출이 없습니다. 이런 분야로 최상위 인력이 가는 것은 국가적 낭비죠." 〈의사출신 경제학자 김현철 홍콩과기대 교수. 출처 2024.04.22. 한국경제신문〉

이과 쏠림 넘어 '의대 쏠림'...최상위권 인재 블랙홀 된 의대

서울대는 지난해 자퇴생 341명 중 자연계가 275명(80.6%)으로 인문계(66명)의 4.2배에 달했다. 연세대도 자연계 자퇴생이 72.7%, 고려대도 76.4%를 차지했다. 임성호 종로학원 대표는 "이들 학교의 자연계열 중도탈락 학생은 반수 또는 재수를 통해 의약학계열에 진학했을 것으로 보인다"고 전했다. 대기업 취업이 보장되는 반도체분야 계약학과도 의대의 인기에 가려 두각을 나타내지 못하고 있다. 의대 선호현상이 심화하는 것은 결국 처우나 안정성 등의 측면에서 최고라는 인식이 여전히 확고하기 때문으로 풀이된다. 〈2023.02.26. 세계일보〉

위 기사와 같은 현상은 우리나라가 첨단 산업 경쟁력을 유지하는 데 큰 도전 과제가 되고 있으며, 산업계에서도 '미래를 책임질 공학 인재가 부족하다'는 우려가 커지고 있다.

필자의 지인인 경기도 판교의 한 고등학생 학부모는 이렇게 말했다.

"이공계는 박사까지 가도 취업이 어렵고 연봉도 낮은데, 의사는 안정적인 고소득 직업이잖아요. 결국 부모가 자녀의 미래를 생각하면 의대로 몰릴 수밖에 없죠."

학생 수 감소는 교육 개혁이 시급하다는 신호지만, 그보다 더 중요한 것은 우수한 인재들이 미래 산업을 이끌지 않고 의대 및 해외로 빠져나가는 것이다. 이는 결코 의사라는 직업을 폄하하는 것이 아니다. 의료는 필수적인 분야이며, 우수한 인재들이 의학을 선택하는 것은 자연스러운 일이다. 다만, 문제는 너도나도 의대에 가야만 성공할 수 있다는 사회적 인식이 강해지고, 국가적으로 중요한 첨단 기술 산업이 상대적으로 소외되고 있다는 점이다. 과거에는 공학·이공계가 경제 발전의 중심이 되었지만, 이제는 '안정적인 길'만을 좇는 분위기가 형성되면서 청년들이 더 이상 미래 산업을 도전의 영역으로 보지 않게 되었다. 이러한 흐름이 계속된다면, 단순히 학생 수가 줄어드는 문제가 아니라 국가 경쟁력을 뒷받침할 핵심 인재가 사라지는 더욱 심각한 위기에 직면할 수밖에 없다.

이미 양성된 STEM 인재조차 해외로 유출되고 있다. 예를 들어, 중국 배터리 기업 CATL에서는 연구소와 공장에서 한국어가 심심치 않게 들릴 정도로 많은 한국 인재들이 해외로 빠져나갔다. 미국과 유럽은 첨단 기술 인재 유치를 위해 STEM 연구자들에게 파격적인 연봉과 연구 지원을 제공하며 적극적인 스카우트 전략을 펼치고 있다.

반면 한국의 STEM 연구 환경은 여전히 열악한 처우, 과도한 행정 절차, 단기 과제 위주의 연구 지원 구조로 인해 경쟁력을 잃어가고 있다. 연구개발(R&D) 예산은 증가하고 있지만, 실제 연구자들에게 돌아가는 지원은 부족하고, 지속적인 연구가 아닌 단기 성과 중심의 정책이 오히려 인재들의 해외 이탈을 가속화하고 있다.

대학 구조조정이 필요한 이유: 수도권 집중 vs 지역 붕괴

　학생 수 감소로 인해 대학의 구조조정은 더 이상 피할 수 없는 과제가 되었지만, 단순히 대학을 통폐합하는 방식으로 해결할 수 있는 문제는 아니다. 지금 필요한 것은 지역별 첨단 산업 거점과 연계된 특성화 대학을 구축하여, 산업과 교육을 연결하는 새로운 패러다임을 만드는 것이다. 현재 수도권 대학은 여전히 높은 경쟁률을 기록하고 있지만, 지방 대학은 정원 미달 사태를 겪으며 존폐 위기에 몰려 있다. 이 같은 현상은 단순히 교육의 문제를 넘어, 지역 경제 전반에 영향을 미치며 악순환을 초래하고 있다.

　지방 대학의 몰락은 곧 지역 경제의 쇠퇴로 이어진다. 대학이 사라지면 지역의 젊은 인구도 빠져나가고, 결국 산업 기반 자체가 무너지는 것이다. 청년들이 수도권으로 몰리면서 지역 경제는 더욱 빠르게 침체되고, 이는 다시 지방 대학의 경쟁력을 떨어뜨리는 결과로 이어진다. 이러한 악순환을 끊기 위해서는 단순히 대학의 수를 줄이는 것이 아니라, 실용 교육 중심의 전문 대학과 평생교육 기관을 활성화하는 방향으로 개혁해야 한다.

　이와 같은 접근법의 대표적인 사례가 바로 독일의 '아우스빌둥(Ausbildung)' 시스템이다. 아우스빌둥은 이론 교육과 실무 경험을 결합한 산업 맞춤형 직업 교육 프로그램으로, 독일의 산업 경쟁력을 유지하는 중요한 기반이 되고 있다. 이 제도는 대학 대신 실질적인 직업 교육을 제공하며, 학생들이 기업과 직접 연결되어 졸업 후 즉시 현장에서 일할 수 있도록 준비하는 것을 목표로 한다.

아우스빌둥의 가장 큰 특징은 기업과 학교가 긴밀하게 협력하는 '이원 교육 시스템(Dual System)'이다. 학생들은 일주일의 일정 부분을 직업학교에서 이론 교육을 받고, 나머지 시간은 기업에서 실무 경험을 쌓는다. 예를 들어, 독일의 대표적인 자동차 기업인 BMW, 벤츠, 폭스바겐 등은 자체적으로 아우스빌둥 프로그램을 운영하며, 자동차 엔지니어링, 생산 관리, 로봇 프로그래밍 등 다양한 분야에서 교육생을 직접 양성한다. 학생들은 해당 기업에서 훈련을 받으며, 실습 과정에서 월급을 지급받고, 교육이 끝난 후에는 높은 확률로 정규직으로 전환된다.

이러한 시스템 덕분에 독일의 청년들은 대학 졸업장이 없어도 고부가가치 산업에서 전문성을 갖춘 인력으로 성장할 수 있으며, 직업 안정성을 확보할 수 있다. 독일은 이를 통해 중소기업 기반의 강한 제조업 경제를 유지하고 있으며, 실업률 또한 OECD 국가 중 가장 낮은 수준을 기록하고 있다.

우리도 이와 같은 산업 맞춤형 교육 모델을 도입하여, 지역별 첨단 산업과 연계된 특성화 대학을 육성할 필요가 있다. 특히, 반도체, AI, 배터리, 바이오와 같은 국가 핵심 산업이 집중된 지역에 특화된 교육 기관을 설립하는 것이 중요하다.

예를 들어, 반도체 산업 단지가 몰려 있는 경기 남부권(평택, 이천, 용인)에는 반도체 특화 대학과 마이스터고를 배치하는 방식이 효과적이다.

현재 삼성전자, SK하이닉스와 같은 글로벌 반도체 기업들은 반도체 엔지니어 부족 문제를 겪고 있으며, 반도체 인력 양성을 위해 직접 대학과 협력하는 프로그램을 운영하고 있다. 그러나 현재의 산학 협력 모델은 대학 내 한정된 연구실이나 일부 교과 과정에 머물러 있는 수준이다. 독일의 아우스빌둥처럼, 기업과 대학이 공동으로 운영하는 '반도체 인재 양성 프로그램'을 도입한다면, 보다 실질적인 산업 연계 교육이 가능할 것이다.

이와 유사하게, 충청권(대전·세종)에는 AI·자율주행 특화 대학, 전남·광양에는 신재생에너지 및 수소산업 특화 대학을 설립하는 등, 산업과 교육이 유기적으로 결합된 거점 대학을 운영해야 한다.

단순한 대학 구조조정이 아니라 지역 기반 산업과 연계된 특성화 교육 시스템을 구축해야 한다. 이를 통해, 지방 대학이 경쟁력을 확보하고, 지역 경제의 활성화를 이끌 수 있으며, 수도권 집중 현상을 완화할 수 있다. 독일의 아우스빌둥 모델을 한국 실정에 맞게 발전시켜, 산업과 교육이 동반 성장하는 구조를 만들어야 한다.

교육과 산업이 따로 가는 시대는 끝났다. 이제는 산업과 교육이 맞물려 미래 인재를 양성하는 시대다.

교육 패러다임이 바뀌지 않으면 경제는 무너진다

교육이 산업과 단절되면, 다소 단정적으로 들릴 수도 있지만 결국 경제도 무너질 수밖에 없다. 저출산으로 인한 인구 감소도 심각한 문제이지만, 그보다 더 중요한 것은 남아 있는 인재를 어떻게 길러내고 활용할 것인가이다. 단순히 대학을 유지하고 학생 수를 늘리는 것이 아니라, 미래 산업에 필요한 역량을 갖춘 실무형 인재를 길러내는 교육 개혁이 필수적이다.

현재의 입시 중심 교육은 학생들에게 문제 해결 능력을 길러주지 못하고 있다. 단순한 암기식 학습과 정해진 답을 찾는 시험 방식이 여전히 교육의 중심을 차지하고 있으며, 이는 실제 산업 현장에서 요구하는 창의적 문제 해결력과 괴리가 크다. 특히, 산업 구조가 빠르게 변화하는 시대에는 단순한 이론 교육이 아니라 실전 경험이 필수적이다. 이를 위해 문제 해결형 학습(PBL)과 현상 기반 학습(PhBL) 등을 활용하여, 학생들이 직접 문제를 정의하고 해결하는 탐구 중심 수업을 강화해야 한다.

특히 마이스터고와 특성화 대학에서는 실무와 연계된 프로젝트 중심 교육을 더욱 확대해야 한다. 앞에서 언급한 독일의 아우스빌둥처럼, 기업과 교육 기관이 협력하여 학생들이 실제 산업 환경에서 문제를 해결하는 경험을 쌓도록 해야 한다. 예를 들어, 반도체 마이스터고에서는 학생들이 반도체 공정의 실습을 직접 경험하고, AI 관련 특성화 대학에서는 기업의 실무 프로젝트를 수행하면서 산업의 흐름을 익히는 방식이 필요하다. 이러한 방식은 학생들에게 이론이 아닌 '현장 경험'을 제공하며, 졸업 후 곧바로 산업에서 활용할 수 있는 실질적인 역량을 갖추게 한다.

또한, 탐구 중심 교육은 단순히 직업 교육을 넘어 창의적 문제 해결력을 키우는 핵심 교육 방식으로 자리 잡아야 한다. 미래 사회는 복잡한 문제를 해결할 수 있는 융합형 인재를 필요로 하며, 이는 단순한 기술 습득이 아니라, 다양한 지식을 활용하여 문제를 정의하고 해결할 수 있는 능력을 요구한다. 마이스터고와 특성화 대학이 단순한 '기능 인력 양성소'가 아니라, 산업과 연구를 선도하는 핵심 기관이 되도록 교육 패러다임을 전환해야 한다.

만약 이러한 개혁이 이루어지지 않는다면, 저출산 문제보다 더 큰 위기가 찾아올 것이다. 단순한 인구 감소가 아니라, 남아 있는 인재들이 산업과 연결되지 못하고 방황하는 현실이 더욱 심각한 문제로 떠오를 것이다. 이제는 저출산 대책을 논하는 것에서 벗어나, 미래 산업을 이끌어 갈 청년 인재를 어떻게 육성할 것인가에 집중해야 한다. 교육이 바뀌지 않으면, 경제도 바뀌지 않는다. 지금 당장, 탐구 중심 교육을 강화하고 산업과 연계된 실전형 학습 모델을 도입해야 한다. 이것이 우리의 미래를 위한 가장 확실한 투자다.

인재 유출을 막고, 교육과 산업을 연결해야 한다

저출산이 국가적 위기로 떠오르고 있지만, 더 심각한 문제는 청년 인재의 유출과 미래 산업의 인력 부족이다. 단순한 출산 장려 정책만으로는 국가 경쟁력을 지킬 수 없다. 중요한 것은 숫자가 아니라, 핵심 인재들이 대한민국을 떠나지 않도록 만드는 것이다.

현재 청년들은 STEM 분야보다 안정적인 소득을 보장하는 의대나 해외 진출을 선호하고 있다. 반면, 국가의 미래를 책임질 반도체, 우주항공, 신재생에너지 같은 첨단 산업은 인력난에 시달린다. 단순한 교육 문제가 아니라 경제 전반을 뒤흔들 위기다.

이를 해결하려면 대학 구조조정을 단순한 통폐합이 아닌 산업과 지역을 연계한 특성화 대학 모델로 전환해야 한다. 수도권 집중을 완화하고, 독일의 '이원 교육 시스템'처럼 기업과 대학이 협력해 실무 중심 교육을 제공하면, 기업은 적합한 인재를 확보하고, 학생들은 안정적인 일자리를 보장받으며 실력을 쌓을 수 있다. 이를 반도체, 자율주행, 신재생에너지 산업에 접목하면 지역 균형 발전과 국가 경쟁력 강화를 동시에 이룰 수 있다.

결국, 지금 필요한 것은 단기적인 출산율 상승 대책이 아니라 청년들이 이 나라에서 미래를 꿈꾸고 도전할 수 있도록 만드는 교육 개혁과 산업 혁신이다. 대한민국이 '청년이 떠나는 나라'가 아니라, '청년이 미래를 설계하는 나라'가 되어야 한다. 지금 우리가 선택하는 교육과 산업 정책이 미래를 결정할 것이다.

산업특구 기반의 거점 대학 육성의 예

단순히 대학을 유지하는 것이 아니라, 산업과 교육이 긴밀하게 연결된 '거점 대학' 시스템을 구축하면, 지역 균형 발전과 미래 산업 경쟁력을 동시에 확보할 수 있다.

❶ 경상북도(포항, 경주) – 원자력·핵융합 에너지 특성 대학

포항과 경주는 한국수력원자력(한수원) 본사, 방사선 연구소, 원자력 발전소 등이 위치한 지역으로, 원자력·핵융합 연구에 최적의 환경을 갖추고 있다. 최근 SMR(소형 모듈 원자로), 핵융합 발전 등이 차세대 에너지원으로 주목받으며, 이를 개발·운영할 인재 양성이 필수적인 상황이다.

이 지역의 대학을 원자력공학, 방사선 안전기술, 핵융합 연구 중심 대학으로 개편하면, 탄소중립 시대를 대비하는 원자력·핵융합 인재를 집중적으로 육성할 수 있다. 실제로 포스텍(POSTECH)과 같은 대학은 이미 방사광 가속기 연구소를 운영하며 첨단 물리학 연구를 선도하고 있어, 이를 기반으로 더욱 특화된 원자력·핵융합 연구 중심 대학으로 발전할 가능성이 크다.

❷ 충청권(대전, 세종, 천안) – 우주항공·AI 및 자율주행 특성 대학

충청권은 한국항공우주연구원(KARI), 다수의 국방 연구소, KAIST 등 첨단 연구 기관이 위치한 지역이다. 특히, 세종시는 신도시로 조성되며 교통망이 새롭게 구축된 도시로, 자율주행 테스트 베드로 최적의 환경을 갖추고 있다.

이 지역에 우주항공 및 AI·자율주행 특성 대학을 육성하면, 대한민국이 우주·자율주행 산업에서 경쟁력을 확보하는 데 기여할 수 있다. 예를 들어, 대전의 대학들이 인공위성 설계, 항공기 엔지니어링, 드론 및 자율주행 기술을 중심으로 교육 프로그램을 운영하고, 세종시는 실험도시로 활용하는 방안을 고려할 수 있다. 이는 한국이 우주산업과 스마트 모빌리티 분야에서 글로벌 경쟁력을 갖추는 데 큰 도움이 될 것이다.

❸ 경기도(수원, 용인, 평택) – 반도체·첨단 소재 특성 대학

경기 남부 지역에는 삼성전자, SK하이닉스 등 반도체 산업의 핵심 기업들이 위치하고 있으며, 첨단 반도체 공장이 지속적으로 건설되고 있다.

이 지역에 반도체 특성 대학을 운영하면, 반도체 설계·소프트웨어·나노소재·반도체 장비 기술 등 맞춤형 교육을 제공하여, 반도체 산업의 핵심 인재를 지속적으로 공급할 수 있다. 현재도 성균관대, 한양대 에리카 캠퍼스 등 일부 대학에서 반도체 관련 학과를 개설하고 있지만, 이를 보다 체계적으로 확장하여 기업과 연계된 반도체 특화 대학을 운영하면, 실질적인 산업 인력 양성 효과를 극대화할 수 있다.

특히, 반도체 산업의 특성상 대규모 클린룸(반도체 제조 환경)이 필요하므로, 대학 내 반도체 공정 실습센터를 구축하고, 마이스터고등학교와 연계해 실무 중심 교육을 진행하는 모델을 도입하는 것이 효과적이다.

❹ 전라남도(광양, 여수) – 신재생에너지 및 수소산업 특성 대학

광양과 여수는 대규모 석유화학 단지와 발전소가 위치한 지역으로, 기존 화석연료 산업을 친환경 신재생에너지 산업으로 전환해야 할 중요한 지역이다.

이 지역을 신재생에너지 및 수소산업 특성 대학으로 개편하면, 풍력·태양광·수소 연료전지 등 차세대 에너지 기술을 연구·개발할 인재를 양성할 수 있다.

특히, 정부가 '탄소중립' 정책을 추진하는 상황에서, 기존 화학·정유 공장을 수소 생산 및 저장기지로 전환하는 계획이 진행되고 있다. 이에 맞춰 대학이 수소 저장 기술, 친환경 촉매 연구, 이산화탄소 포집·활용(CCUS) 등 신재생에너지 분야에 특화된 연구·교육을 제공하면, 차세대 에너지 산업을 선도할 인재 양성이 가능해진다.

또한, 지역 내 마이스터고와 연계하여 재생에너지 설비 설치·운영·유지보수를 담당할 전문 기술자를 양성하는 프로그램을 운영하면, 산업과 교육이 실질적으로 연결되는 모델을 만들 수 있다.

이 밖에도 전력망 구축이 핵심인 미래 에너지 산업과 관련된 원자력 발전소 및 소형원전(SMR) 시설 등에 대한 '내 뒷마당에는 안 된다(NIMBY)' 현상도 완화할 수 있지 않을까?

4장

혁신을 멈춘 나라의 미래: 일본을 반면교사 삼아

90년대 일본의 정체와 대한민국의 현재

1980년대 일본은 엄청난 성장 가도를 그리고 있었다. 일본 기업들은 세계 시총이 높은 기업으로 명성이 자자했고, 한때 우리나라와는 1인당 GDP가 10배 차이 날 정도로 경제적 격차가 컸다. '도쿄의 땅을 팔면 미국 전역을 살 수 있다'는 말이 나올 정도로 부동산 버블이 극심했고, 일본은 화려한 경제 국가로서 세계 시장을 주도하고 있었다. 특히 전자, 자동차, 반도체 등 제조업 강국으로서의 위상을 확고히 하며, '일본 제품은 곧 품질'이라는 신뢰를 얻었다.

그러나 1985년 플라자 합의가 일본 경제의 전환점이 되었다. 당시 일본에서는 엔화 가치를 높여도 내수를 활성화하면 경제에 더 유리할 것이라는 낙관적인 전망이 팽배했다. 플라자 합의를 통해 엔화 가치는 급

등했고, 일본 국민들은 해외여행과 명품 소비를 저렴하게 할 수 있는 것처럼 느꼈다. 하지만 문제는 이 과정에서 점점 더 커지는 부동산 버블과 자산 거품이었다. 기업들은 엔고(円高)를 극복하기 위해 저금리로 돈을 빌려 해외 투자와 부동산 투기에 나섰고, 일본 경제는 자산 가치 상승에 기대는 위험한 구조로 변해갔다.

1989년 세계시가총액 랭킹

순위	기업명	시가총액 (억달러)	국가
1	NTT	1,638.6	日本
2	닛콘 흥업은행	715.9	日本
3	스미토모은행	695.9	日本
4	후지은행	670.8	日本
5	다이이치권업은행	660.9	日本
6	IBM	646.5	米国
7	미쓰비시 은행	592.7	日本
8	엑손	549.2	米国
9	도쿄전력	544.6	日本
10	로얄 더치 쉘	543.6	英国
11	토요타자동차	541.7	日本
12	GE	493.6	米国
13	산와은행	492.9	日本
14	노무라증권	444.4	日本
15	신닛폰제철	414.8	日本
16	AT&T	381.2	米国
17	히타치제작소	358.2	日本
18	마츠시타전기	357.0	日本
19	필립모리스	321.4	米国
20	도시바	309.1	日本
21	간사이전력	308.9	日本
22	닛폰장기신용은행	308.5	日本
23	토카이은행	305.4	日本
24	미츠이은행	296.9	日本
25	머크	275.2	米国
26	닛산자동차	269.8	日本
27	미쓰비시중공업	266.5	日本
28	듀폰	260.8	米国
29	GM	252.5	米国
30	미쓰비시신탁은행	246.7	日本
31	BT	242.9	英国
32	벨사우스	241.7	米国
33	BP	241.5	英国
34	포드	239.3	米国
35	암코	229.3	米国
36	도쿄은행	224.6	日本
37	츄부전력	219.7	日本
38	스미토모신탁은행	218.7	日本
39	코카콜라	215.0	米国
40	월마트	214.9	米国
41	미쓰비시 부동산	214.5	日本
42	가와사키 제철	213.0	日本
43	모빌	211.5	米国
44	도쿄가스	211.3	日本
45	도쿄해상화재보험	209.1	日本
46	NKK	201.5	日本
47	알코	196.3	米国
48	닛폰전기	196.1	日本
49	다이와증권	191.1	日本
50	아사히유리	190.5	日本

出所: 米ビジネスウィーク誌(1989年7月17日号)『THE BUSINESS WEEK GLOBAL 1000』

2019년 세계시가총액 랭킹

순위	기업명	시가총액 (억달러)	국가
1	애플	9,409.5	米国
2	아마존	8,800.6	米国
3	알파벳(구글)	8,336.6	米国
4	마이크로소프트	8,158.4	米国
5	페이스북	6,092.5	米国
6	버크셔 해서웨이	4,925.0	米国
7	알리바바	4,795.8	中国
8	텐센트	4,557.3	中国
9	JP모건체이스	3,740.0	米国
10	엑손모빌	3,446.5	米国
11	존슨앤존슨	3,375.5	米国
12	비자	3,143.8	米国
13	뱅크오브아메리카	3,016.8	米国
14	로얄더치셸	2,899.7	英国
15	중국공상은행	2,870.7	中国
16	삼성전자	2,842.8	韓国
17	웰스파고	2,735.4	米国
18	월마트	2,598.5	米国
19	중국건설은행	2,502.8	中国
20	네슬레	2,455.2	スイス
21	유나이티드헬스그룹	2,431.0	米国
22	인텔	2,419.0	米国
23	엔호이저부쉬 인배브	2,372.0	ベルギー
24	세브론	2,336.5	米国
25	홈데포	2,335.4	米国
26	화이자	2,183.6	米国
27	마스터카드	2,166.3	米国
28	버라이즌	2,091.6	米国
29	보잉	2,043.8	米国
30	로슈홀딩스	2,014.9	スイス
31	TSMC	2,013.2	台湾
32	페트로차이나	1,983.5	中国
33	P&G	1,978.5	米国
34	시스코	1,975.7	米国
35	토요타자동차	1,939.8	日本
36	오라클	1,939.3	米国
37	코카콜라	1,925.8	米国
38	노바티스	1,921.9	スイス
39	AT&T	1,911.9	米国
40	HSBC	1,873.8	英国
41	차이나모바일	1,786.7	香港
42	루이뷔통모에헤네시	1,747.8	フランス
43	시티그룹	1,742.0	米国
44	중국농업은행	1,693.0	中国
45	머크	1,682.0	米国
46	월트 디즈니	1,661.6	米国
47	펩시콜라	1,641.5	米国
48	중국평안보험	1,637.7	中国
49	토탈	1,611.3	フランス
50	넷플릭스	1,572.2	米国

*7月20日時点。各種データを基に本誌編集部作成

〈1989년과 2019년의 글로벌 기업 시가총액 비교〉

1991년, 일본의 부동산과 주식 시장이 붕괴되면서 상황이 급변했다. 기업들은 대규모 감원을 단행했고, 취업을 준비하던 청년들은 '취업 빙하기'라는 혹독한 현실을 마주하게 되었다. 문제는 단순한 경제 불황이 아니었다. 일본은 위기를 기회로 전환하지 못하고 30년 가까이 정체를 겪었다. 그리고 그 중심에는 교육과 산업의 단절이 자리 잡고 있었다.

최근 일본 여행이 엔저(엔화 약세) 영향으로 유행이 되었다. 일본을 다녀온 사람이라면 누구나 한 가지 흥미로운 점을 발견했을 것이다. 편의점에서 커피 한 잔을 사면서 여전히 현금을 꺼내 드는 사람들, 지하철역에서 종이 티켓을 뽑는 여행객들의 모습 말이다. 한국에서는 QR 코드 한 번 찍고, 스마트폰으로 결제를 끝내는 것이 당연한데, 많이 변하기는 했지만 일본에서는 아직도 지폐와 동전이 일상적으로 쓰이고 있다.

이런 차이는 어디에서 비롯된 걸까? 일본은 한때 세계 경제를 주름잡았던 나라였다. 1980년대의 일본은 기술 혁신과 산업 성장으로 전성기를 누렸고, 세계 최첨단을 달리던 나라였다. 그러나 경제적 번영 속에서 안주하며 변화의 필요성을 간과했다. "굳이 바꿀 필요가 있을까?"라는 인식이 뿌리 깊이 자리 잡으며, 디지털 전환이 늦어진 것이다.

하지만 세상은 가만히 기다려주지 않는다. 한국이 빠르게 모바일 결제와 디지털 인프라를 구축하며 변화를 주도하는 동안, 일본은 기존 시스템을 유지하는 데 집중했다. 그러다 보니 신용카드보다 현금 사용이 익숙하고, 은행 송금조차 비효율적인 방식이 많았다.

그렇다고 일본이 영원히 뒤처질 것인가? 그렇지 않다. 최근 일본은 AI와 자동화 기술을 적극적으로 도입하고, 디지털 전환에 속도를 내기 시작했다. 특히 코로나19 이후 위기의식이 커지면서, 산업 전반에서 변화의 움직임이 본격화되고 있다. 다만, 오랜 시간 유지된 관습과 산업 구조의 경직성 탓에 변화의 속도는 여전히 더디다.

교육 개혁에 실패한 일본, 인재 유출과 산업 쇠퇴

한때 세계 최고 수준으로 평가받았던 일본의 교육은 시대의 변화를 따라가지 못한 채 정체를 거듭하고 있다. 과거 일본의 공교육은 철저한 기초 교육과 체계적인 시스템을 바탕으로 우수한 인재들을 배출하며 경제 성장의 주춧돌 역할을 했다. 하지만 빠르게 변화하는 글로벌 환경 속에서 기존의 방식을 고수하는 데 급급했고, 변화에 대한 대응이 미흡했다. 학생들의 경쟁 부담을 줄이기 위해 2002년부터 본격적으로 시행된 유토리 교육(ゆとり教育)이 도입되었다. 유토리 교육은 학생들에게 지나친 입시 경쟁과 학습 부담을 줄이고 창의성과 자율성을 키우는 것을 목표로 했으며, 주입식 교육에서 벗어나 자유로운 사고를 장려하는 방향으로 추진되었다.

그러나 기초 학습(읽기, 쓰기, 수학 등)의 토대를 충분히 마련하지 않은 채 급격한 개혁을 추진하면서 오히려 학력 저하와 학습 의욕 감소라는 부작용을 초래했다. 유토리 교육을 받은 세대는 기존의 경쟁 중심 문화에서 벗어나 창의적 사고를 장려받았지만, 기본 학력이 약해지고 자기주도적 학습 습관이 자리 잡지 못하면서 일본 기업들이 요구하는 전문성과 문제 해결 능력을 갖추지 못했다는 평가를 받았다. 이에 따라 산업 전반에서 인재 부족 현상이 심화되었고, 특히 글로벌 시장에서의 경쟁력이 약화되는 결과를 초래했다.

그 대표적인 사례가 IT 인재 부족 문제다. 2000년대 이후 세계는 디지털 혁명의 시대로 접어들었지만, 일본의 대학들은 여전히 전통적인 공학 중심 교육에 머물러 있었다. 가전, 자동차, 반도체, 기계 공학과 같은 하드웨어 중심의 산업 구조가 오랫동안 국가 경쟁력을 지탱해 왔고, 이에 따라 소프트웨어와 AI, 데이터 과학 같은 신기술 분야에 대한 교육은 뒷전으로 밀려났다. 일본의 교육 당국은 기존의 성공 방식을 답습하는 데 익숙했고, 새로운 패러다임에 적응하는 속도는 현저히 느렸다. 이는 결국 일본이 4차 산업혁명의 핵심 기술인 소프트웨어와 AI 분야에서 글로벌 경쟁력을 확보하는 데 실패하는 결과로 이어졌다.

IT 인재 부족 문제는 일본 정부도 심각하게 받아들이고 있다. 일본 경제산업성이 발표한 자료에 따르면, 2030년까지 일본 내 IT 인재 부족 규모는 최대 79만 명에 이를 것으로 예상된다. 하지만 그보다 더 심각한 문제는 유능한 인재들이 일본을 떠나고 있다는 점이다. 일본 내에서는 여전히 대기업 중심의 연공서열 문화가 강하게 자리 잡고 있다. 혁신적인 스타트업보다는 안정적인 대기업 취업이 선호되고, 도전보다는 기존 시스템 안에서 꾸준히 경력을 쌓는 것이 더 중요하게 여겨졌다. 이러한 경직된 기업 문화는 젊은 엔지니어들에게 매력적으로 다가오지 않았고, 그 결과 많은 인재들이 더 나은 조건과 기회를 찾아 실리콘밸리나 중국으로 떠났다. 일본 정부가 늦게나마 AI와 디지털 전환을 강조하며 정책을 내놓고 있지만, 이미 해외로 유출된 인재들이 돌아올 유인은 부족한 것이 현실이다.

일본의 산업 쇠퇴는 이러한 교육과 인재 정책 실패와 깊이 연결되어 있다. 필자가 대학 시절 사용했던 전자사전을 만들던 샤프(Sharp)는 1990년대만 해도 일본을 대표하는 전자 기업이었다. 하지만 스마트폰 시대를 제대로 대비하지 못한 끝에 결국 대만의 폭스콘(Foxconn)에 인수되고 말았다. 소니(Sony) 역시 애플과 삼성전자에 밀려 스마트폰 시장에서 점점 존재감을 잃어갔다. 한때 혁신을 주도했던 일본의 전자 산업이 경쟁력을 잃은 배경에는, 창의적이고 도전적인 인재를 길러내지 못한 교육 시스템의 한계가 자리하고 있었다.

문제는 일본이 이러한 변화를 인식하고 있음에도 불구하고 교육 개혁이 제대로 이루어지지 않고 있다는 점이다. 일본의 정치권과 관료 사회는 새로운 교육 패러다임으로 전환해야 한다는 필요성을 인지하면서도, 전통적인 방식에 익숙한 기득권층의 저항과 사회적 인식 변화의 속도 차이로 인해 개혁이 지연되고 있다. 학부모들은 여전히 입시 위주의 교육이 중요하다고 믿고 있으며, 교사들 역시 혁신적인 교육 방식을 도입하기보다는 기존의 교수법을 유지하는 데 더 익숙하다. 이러한 상황에서 학생들은 새로운 기술을 배우기보다 오래된 교육 체제 속에서 기출 문제를 반복적으로 풀며 입시에 몰두하고 있는 현실이다.

반면, 같은 시기 한국의 기업들은 일본의 반도체, 자동차 산업의 기술과 생산 모델을 이어받아 꾸준히 발전하며 삼성전자와 LG전자, 현대차 등의 기업이 글로벌 시장을 선도하는 데 성공했다. 일본과 달리, 한국은 빠르게 산업 트렌드를 반영한 교육 정책을 도입했고, 이에 따라 미래 산업을 대비하는 인재 양성에 집중할 수 있었다. 하지만 우리는 일본의 사례를 반면교사 삼아야 한다. 지금의 교육 방식이 지속 가능하지 않다면, 일본과 같은 길을 걷지 않는다고 장담할 수 없다.

교육 개혁이 단순히 학교 교육의 변화만으로 이루어질 수는 없다. 정책 입안자들의 적극적인 개혁 의지, 사회적 인식의 변화, 그리고 교육 현장에서의 실질적인 혁신이 동시에 이루어져야 한다. 일본이 개혁의 필요성을 인지하고도 기존 체제를 유지하는 데 머물렀던 것처럼, 한국 역시 현 교육 체제에 대한 지나친 자만은 금물이다. 변화하는 산업 환경에 맞춰 교육 시스템을 개편하지 않는다면, 미래 세대의 경쟁력 저하로 이어질 것이며, 결국 일본과 같은 상황을 맞이할 수 있다.

이제는 교육의 패러다임을 근본적으로 바꿔야 한다. 학생들이 단순히 문제를 푸는 훈련을 넘어, 실제 산업에서 요구하는 역량을 키울 수 있도록 학습 방식을 변화시켜야 한다. 일본의 사례는 우리에게 단순한 경고가 아니라, 피할 수 없는 미래일 수도 있다.

안정이 만든 위기, 일본의 실패에서 배우자

한때 세계 경제를 주도했던 일본. 반도체, 자동차, 전자제품에서 독보적인 경쟁력을 갖추며 '기술 입국(技術立国)'을 꿈꾸던 나라였다. 하지만 1990년대 이후 산업 환경이 빠르게 변화하는 동안, 일본은 안정보다 도전을 택해야 할 시점에서 기존 방식을 고수하는 길을 선택했다.

경제가 성장하고 국민 생활 수준이 높아지면서, 일본 청년들의 태도도 달라졌다. 과거에는 국가의 기술 발전을 위해 연구개발에 뛰어들었던 인재들이 이제는 안정적인 대기업 정규직을 목표로 삼았다. 고된 제조업이나 스타트업 창업보다는, 편안한 직장과 균형 잡힌 개인 생활을 추구하는 흐름이 강해졌다. 새로운 산업에 대한 도전보다는 리스크를 피하려는 경향이 짙어졌고, 그 결과 일본 사회는 점점 정체되기 시작했다.

그 사이 글로벌 산업은 소프트웨어와 AI, 바이오테크 등 혁신 기술 중심으로 빠르게 전환되었다. 하지만 일본의 기업들은 여전히 기존 제조업 중심의 산업 구조를 유지하는 데 집중했다. 경직된 조직 문화 속에서 창의적인 인재들은 억압되었고, 결국 더 나은 기회를 찾아 해외로 빠져나가게 되었다.

일본이 IT 산업 전환에 뒤처진 이유는 단순한 교육 문제만이 아니었다. 산업과 기술 패러다임이 급격히 변화하는 시기에 일본은 과거 성공 방식을 답습하며 변화에 소극적이었다.

2000년대 IT 버블 시기, 세계는 인터넷과 검색 엔진을 중심으로 빠르게 변하고 있었다. 미국에서는 구글(Google), 야후(Yahoo), 라이코스(Lycos) 등이 치열하게 경쟁했고, 한국에서도 네이버(Naver)와 다음(Daum) 등의 기업이 등장하며 시장을 선점했다. 그러나 일본은 이러한 변화 속에서도 야후 재팬(Yahoo Japan)에 지나치게 의존했고, 독자적인 검색 엔진 개발에 소극적이었다.

스마트폰 시장에서도 마찬가지였다. 삼성전자는 빠르게 스마트폰을 주력 사업으로 전환하며 세계 시장을 장악했지만, 일본 기업들은 변화에 늦어 경쟁력을 잃었다. 모바일 메신저 시장에서도 한국의 카카오톡(KakaoTalk)이 자국 시장을 지배한 반면, 일본은 자체적인 경쟁 서비스를 개발하지 못하고 네이버의 자회사인 라인(Line)이 국민 메신저로 자리 잡았다.

결과적으로 일본은 하드웨어 산업에 머무르는 동안 소프트웨어와 인터넷 기반 기술에서 뒤처졌다. 이는 단순한 기술 격차가 아니라, 사회 전반적으로 새로운 기술을 수용하는 속도가 느리고, 교육과 기업 문화가 혁신보다 안정을 우선시한 결과였다. 글로벌 IT 시장에서 주도권을 상실한 일본은 지금도 AI, 소프트웨어, 데이터 기술 등 미래 핵심 산업에서 경쟁력을 되찾기 위해 고군분투하고 있다. 하지만 이러한 전환이 늦어진 대가는 장기 경제 침체로 이어졌다.

대한민국은 그럼 같은 길을 걸을 것인가? 일본의 사례는 중요한 교훈을 남긴다. 현재 우리도 역시 비슷한 갈림길에 서 있다. 저출산과 저성장이 가속화되고 있으며, 미래 산업을 주도할 핵심 분야에서 인재 부족이 심각한 문제로 떠오르고 있다.

과거 한국은 일본이 놓친 기회를 활용하며 반도체와 자동차 산업에서 일본을 뛰어넘었다. 하지만 지금 안정을 우선시하는 사회적 분위기 속에서 새로운 산업으로의 도약이 지체되고 있다. 대기업 정규직 선호 현상은 여전히 강하고, 첨단 산업과 스타트업보다는 공무원과 안정적인 직장을 목표로 하는 청년들이 많아지고 있다. 사회 전반적으로 모험보다는 리스크를 회피하는 성향이 강화되면서, 신산업에 대한 도전 정신이 점차 약화되고 있는 것이다.

현재의 교육 시스템이 산업 변화 속도를 따라가지 못한다면, 한국 역시 일본이 걸어간 길을 반복할 위험이 크다. 교육과 산업이 유기적으로 연결되지 않으면, 미래 산업의 주도권을 잃고 정체의 늪에 빠질 수밖에 없다.

이를 방지하기 위해 보다 근본적인 교육 개혁을 신속하게 추진해야 한다. 일본은 변화의 필요성을 인지했음에도 불구하고 대응이 늦었고, 그 대가는 30년의 정체였다. 하지만 아직 늦지 않았다. 우리는 과거 일본이 놓친 기회를 발판 삼아 성장해왔고, 여전히 충분한 경쟁력을 보유하고 있다. 다만, 과거의 방식을 답습하는 것이 아니라, 변화하는 시대에 맞춰 교육과 산업을 긴밀히 연결하는 전략이 필요하다.

교육 개혁과 산업 혁신이 지금 이루어진다면, 우리는 미래 산업을 선도하는 기회를 잡을 수 있다. 과거의 실수를 반복하지 않고 도약하기 위해, 이제는 변화의 길을 선택해야 한다. 지금이 바로 우리나라와 기업, 국민이 함께 성장할 수 있는 골든타임이다. 주저할 시간이 없다. 미래를 준비하는 지금 이 순간이, 대한민국의 새로운 30년을 결정할 것이다.

혁신을 멈춘 나라의 미래: 일본을 반면교사 삼아

일본의 경제 정체는 산업과 교육의 단절에서 비롯되었으며, 이는 우리에게 중요한 교훈을 준다. 1980년대 일본은 세계 시장을 주도했으나, 플라자 합의 이후 엔고와 부동산 버블로 인해 경제가 흔들렸고, 1990년대 이후 교육 개혁에 실패하며 기술 혁신을 주도할 인재를 배출하지 못했다. 이러한 문제는 일본의 산업 경쟁력 하락으로 이어졌고, 결국 반도체와 자동차 산업 등에서 한국이 일본을 뛰어넘는 계기가 되었다.

그러나 거시적 사이클의 흐름에서 한국도 일본의 전철을 밟을 가능성이 있다. 현재 우리나라의 교육 체계는 여전히 주입식 교육 중심에 입시 중심적이며, 산업의 변화 속도를 따라가지 못하고 있다. 미래 산업의 핵심인 AI, 반도체, 배터리, 자율주행 기술 등을 이끌 인재 양성이 시급한데도, 교육 시스템은 이를 충분히 반영하지 못하고 있다.

이를 해결하기 위해서는 교육과 산업을 긴밀히 연결하는 전략이 필요하다. STEM 교육을 강화하고, 실무 중심의 학습을 확대하며, 기업과 연계된 산학 협력 시스템을 구축해야 한다. 일본은 변화에 너무 늦었고, 그 결과 30년의 정체를 겪었다. 하지만 한국은 아직 기회가 남아 있다. 지금 당장 교육 개혁을 실행해야 하며, 정책 입안자뿐만 아니라 교사와 기업도 적극적으로 협력하여 미래 인재를 길러야 한다. 지금이야말로 변화할 수 있는 골든타임이며, 이를 놓친다면 일본과 같은 길을 걸을 수밖에 없다. 하지만 올바른 선택을 한다면, 우리는 미래 산업을 주도하는 국가로 도약할 수 있을 것이다.

일본의 종신고용 시스템과 노동 시장 변화
(위기감을 느낀 일본의 빠른 변화)

일본의 고용 문화는 오랫동안 '종신고용'이라는 독특한 체제를 유지해 왔다. 20세기 후반까지 이 시스템은 일본 경제 성장의 든든한 버팀목이었다. 기업들은 신입사원을 채용한 후 장기적인 관점에서 인재를 육성했고, 노동자들은 평생직장이라는 안정 속에서 충성심을 가지고 일했다. 하지만 경제 환경이 변하면서 이 제도는 점차 일본 사회의 발목을 잡는 족쇄가 되어 갔다.

일본이 1990년대 버블 경제 붕괴 이후 장기 불황에 접어들면서, 기업들은 더 이상 종신고용을 유지할 여력이 없었다. 하지만 일본 특유의 강한 연공서열 문화와 해고에 대한 사회적 저항으로 인해 기업들은 변화에 소극적이었다. 제조업 중심의 경제 구조도 문제였다. 글로벌 경제가 빠르게 디지털화되면서 IT, AI, 반도체, 소프트웨어와 같은 첨단 산업이 급부상했지만, 일본 기업들은 변화의 속도를 따라가지 못했다.

도요타, 히타치, 도시바와 같은 일본의 대표적인 제조업 기업들은 한때 세계 시장을 주름잡았지만, 지금은 글로벌 경쟁에서 밀려나고 있다. 특히 IT와 반도체 산업에서는 일본이 주도권을 잃고, 미국과 대만, 한국의 기업들이 그 자리를 차지하고 있다. 반도체 분야에서 한때 세계를 선도했던 도시바는 현재 삼성전자와 TSMC의 경쟁 상대가 되지 못하고 있으며, 소프트웨어 산업에서는 일본 기업들이 글로벌 시장에서 존재감을 찾아보기 어려운 실정이다.

1. 종신고용이 만든 일본 노동 시장의 문제점

❶ 변화에 적응하지 못하는 인력 구조

일본 기업들은 정규직 직원들에게 정년을 보장하면서 오랜 기간 교육과 훈련을 통해 기업 내부에서 인재를 육성하는 방식을 고수해왔다. 하지만 기술 혁신의 속도가 빨라지면서 이러한 방식은 한계를 드러냈다. 기업이 필요로 하는 역량과 기존 직원들의 능력 간 괴리가커졌고, 기존 직원들은 변화에 대한 두려움과 보장된 고용 때문에 새로운 기술을 습득하려 하지 않았다.

❷ '자리 지키기' 문화와 비효율적인 업무 구조

종신고용의 또 다른 문제는 기업 내부에서 '자리 지키기' 문화가 만연하다는 점이다. 연공서열 중심의 보상 체계 때문에 업무 성과보다근속 연수가 중요한 평가 기준이 되었고, 이는 기업의 혁신을 저해하는 주요 원인이 되었다. 일본 기업들은 여전히 아날로그 방식의 문서작업과 관료주의적 업무 절차를 유지하고 있으며, 디지털 전환이 늦어지는 결과를 초래했다.

2. IT·첨단 기술 분야의 인력 부족

❶ 일본은 왜 IT 강국이 되지 못했을까?

일본은 전통적인 제조업에서는 강한 경쟁력을 가졌지만, IT·소프트웨어 분야에서는 세계 시장에서 뒤처지고 있다. 일본 경제산업성이 2020년에 발표한 보고서에 따르면, 2030년까지 일본 내에서 약

79만 명의 IT 인력이 부족할 것으로 예상된다. 하지만 일본 기업들은 IT 인재를 확보하는 데 어려움을 겪고 있다.

가장 큰 원인 중 하나는 디지털 전환(DX, Digital Transformation) 속도가 지나치게 느렸다는 점이다. 일본 기업들은 기존의 제조업 강국이라는 자부심에 안주하며, IT와 소프트웨어 개발을 기업 운영의 핵심으로 여기지 않았다. 특히, 2000년대 초반 글로벌 IT 기업들이 빠르게 성장하는 동안 일본은 여전히 하드웨어 중심의 산업에 집중했다.

디지털 전환이 늦어진 이유는 크게 두 가지다. 첫째, 일본의 기업 문화는 여전히 수작업 중심의 업무 방식을 고수하고 있다. 종이 서류와 팩스 사용이 일반적이며, 공공기관과 대기업에서도 디지털 프로세스가 제대로 정착되지 않았다. 기업 내부에서도 여전히 구식 레거시 시스템을 유지하는 경우가 많아, 클라우드 기반 IT 인프라 구축이 느리게 진행되었다.

둘째, 연공서열 중심의 조직 문화가 IT 산업의 성장에 걸림돌이 되었다. IT와 소프트웨어 산업은 빠른 의사 결정과 유연한 조직 운영이 필수적이지만, 일본의 대기업들은 수직적인 조직 구조를 고수하며 신속한 혁신을 이루지 못했다. 젊고 유능한 IT 인재들이 기업 내에서 주요 의사 결정에 참여하기 어려웠고, 새로운 기술을 빠르게 도입하는 것보다 기존 방식을 유지하는 것이 더 중요하게 여겨졌다.

이러한 문제로 인해 일본의 IT 기업들은 글로벌 기술 경쟁에서 점점 더 밀려나고 있으며, 일본 내에서도 소프트웨어 엔지니어의 공급 부족이 심화되고 있다. IT 산업의 인재 부족 문제는 결국 일본 경제 전반의 경쟁력 약화로 이어지고 있다.

❷ 해외 인재 유출과 내수 시장의 한계

일본의 IT·반도체 엔지니어들은 해외 기업으로 빠져나가고 있으며, 글로벌 경쟁력을 가진 소프트웨어 기업이 거의 없는 실정이다. 반면, 한국의 네이버와 카카오, 중국의 텐센트와 알리바바처럼 강력한 IT 플랫폼 기업이 일본에서는 등장하지 못했다. 이는 일본이 여전히 하드웨어 중심의 경제 구조에서 벗어나지 못했기 때문이다.

또한, 일본의 내수 시장은 지나치게 일본어와 일본 문화에 최적화된 형태로 운영되고 있어, 글로벌 경쟁력을 갖춘 IT 기업이 성장하기 어려운 환경이었다. 일본 IT 기업들은 해외 시장보다는 국내 시장에 집중하는 경향이 강했으며, 이는 결과적으로 글로벌 플랫폼 기업들과의 경쟁에서 뒤처지는 원인이 되었다.

특히, 일본의 IT 생태계는 대형 기업 위주로 형성되어 있으며, 스타트업 문화가 제대로 자리 잡지 못했다. 실리콘밸리나 한국, 중국처럼 벤처 캐피털과 스타트업 생태계가 활발하게 돌아가는 구조가 아니라, 여전히 대기업이 모든 것을 주도하는 형태를 유지하고 있다. 이러한 구조에서는 혁신적인 기술을 가진 IT 기업이 성장하기 어렵고, 결국 해외로 빠져나가는 인재들이 증가할 수밖에 없다.

결과적으로, 일본은 IT·소프트웨어 산업에서 글로벌 경쟁력을 확보하지 못한 채, 디지털 전환 속도마저 늦어지면서 인재 부족 문제와 산업 경쟁력 약화를 동시에 겪고 있다. IT 인재를 적극적으로 양성하고 디지털 전환을 가속화하지 않는다면, 일본은 앞으로도 글로벌 IT 시장에서 도태될 가능성이 크다.

3. 일본의 노동 시장 변화: 중도 채용과 고용 유연성 확대

일본 정부와 기업들은 이제야 위기의 심각성을 깨닫고 변화를 시도하고 있다. 코로나19 팬데믹을 계기로 일본 사회는 디지털 전환의 필요성을 절감했고, 노동 시장의 유연성을 높이기 위한 정책을 도입하기 시작했다. 최근 일본 기업들은 신입사원 일괄 채용 방식을 줄이고, 경력직 채용을 확대하는 방향으로 전환하고 있다. 이는 변화하는 산업 환경에 맞춰 필요한 인력을 신속하게 확보하기 위한 조치다.

또한, 일본 정부는 외국인 노동력 도입을 확대하고 있으며, 고령자의 경제활동 참여를 장려하는 정책을 시행하고 있다. 65세 이상 노동자의 비율이 증가하는 것도 이러한 변화의 일환이다. 하지만 이러한 변화가 실질적인 성과로 이어질지는 아직 미지수다. 일본 사회는 여전히 전통적인 고용 관행을 고수하려는 경향이 강하고, 기업 문화 자체가 급격한 변화를 받아들이기 어려운 구조이기 때문이다.

대한민국은 어떤 교훈을 얻어야 하는가?

일본의 사례는 중요한 시사점을 제공한다. 우리의 고용 시스템 역시 연공서열 문화가 남아 있고, 대기업 위주의 고용 구조와 학벌 중심의 채용 시스템이 존재한다. 또한, 한국의 젊은 인재들이 의대·공무원·대기업 취업에 쏠리는 현상은 일본의 종신고용 문화와 유사한 문제를 야기할 수 있다. IT·반도체·AI 등 미래 산업을 선도할 인재가 부족해지는 문제는 한국 역시 직면할 가능성이 높다.

앞으로 일본이 이러한 변화를 성공적으로 이끌어갈 수 있을지, 그리고 우리는 이러한 교훈을 어떻게 받아들여야 할지에 대한 고민이 필요한 시점이다. 일본이 경험하고 있는 문제들은 대한민국 역시 직면할 가능성이 높기 때문이다. 변화하는 노동 시장에서 살아남기 위해, 일본과 같은 시행착오를 피할 수 있는 전략적 접근이 필요하다.

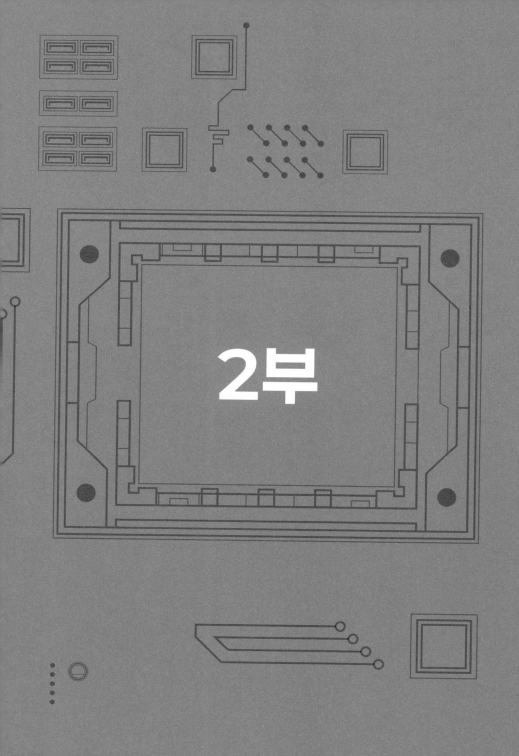

2부

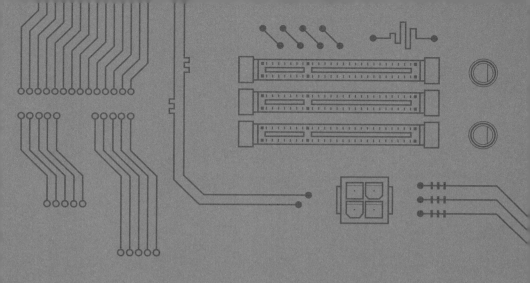

대한민국, 인재 전쟁에서
패배하고 있다

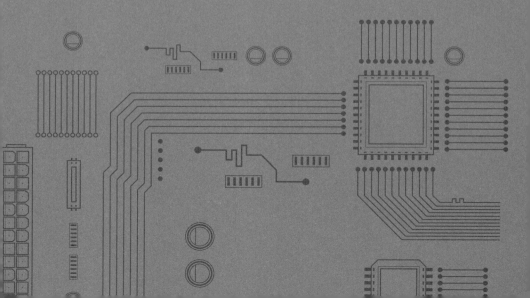

반도체 패권 전쟁,
우리는 준비되어 있는가?

미래 산업을 이끌 인재가 없다: 반도체 패권을 사수하라

우리 경제를 떠받치는 핵심 산업은 단순한 제조업을 넘어 첨단 기술과 융합된 미래 산업으로 확장되고 있다. 자동차, 조선, 방위산업, 배터리 같은 전통 제조업뿐만 아니라, 차세대 AI, 반도체, 자율주행, XR(확장현실), IoT(사물인터넷), 양자컴퓨팅과 같은 첨단 기술이 국가 경제의 새로운 성장 동력이 되고 있다. 이들 산업은 단순히 일부 기업의 성공에 그치지 않고, 국가 GDP의 상당 부분을 차지하며 일자리 창출과 세수 확보, 내수 시장 활성화까지 직결된다는 점에서 전략적 가치가 크다.

특히 반도체 산업은 경제의 핵심 중 핵심이다. 우리 기업은 전 세계 메모리 반도체(디램, 낸드플래시) 시장에서 50% 이상의 점유율을 차지하며, 삼성전자와 SK하이닉스가 국가 수출의 20% 이상을 책임지고 있다. 반도체는 AI, 자율주행, 클라우드 컴퓨팅, 국방, 의료, 통신 등 모든 첨단 기술의 기반이 되는 필수 요소로, 글로벌 패권 경쟁의 중심에 서 있다. 현재 미국과 중국은 반도체 주도권을 두고 경제 전쟁을 벌이며 전방위적인 견제에 나서고 있고, 일본과 대만은 정부 차원의 전략적 지원을 강화하며 반도체 경쟁력을 더욱 키우고 있다. 반면 한국은 '반도체 강국'이라는 명성을 유지할 인재가 점점 부족해지고 있으며, 국가적 대응이 미흡한 실정이다.

반도체 산업은 단순한 생산이 아니라, 설계(팹리스), 제조(파운드리), 후공정(패키징) 등으로 세분화되며, AI 반도체, 첨단 공정, 소프트웨어 역량까지 요구되는 복합 산업으로 변모하고 있다. 그러나 국내 반도체 기업들은 연간 수천 명의 신규 인력을 필요로 하지만, 대학에서 배출되는 반도체 전공자는 턱없이 부족하다. 반도체 공학을 전공한 학생들조차 졸업 후 AI나 데이터 사이언스 분야로 진로를 변경하는 경우가 많아, 업계에서는 "반도체 설계·공정을 제대로 이해하는 인력이 사라지고 있다"는 위기감이 커지고 있다. 반도체 산업에서 핵심 인력이 줄어들면, 결국 글로벌 경쟁에서 밀려날 수밖에 없다. 단순히 시장 점유율을 잃는 것이 아니라, 국가 산업 전반이 흔들리고, 반도체를 기반으로 성장해 온 한국 경제의 핵심 동력이 약화될 위험이 크다.

문제는 반도체만이 아니다. 글로벌 경쟁력을 유지해야 하는 스마트폰-가전, 자동차, 배터리, IT산업 등 뿐만 아니라 자율주행, AI, 로봇공학 같은 미래 산업에서도 전문 인력 부족 문제가 심화되고 있다. 자동차 산업은 국내 제조업 생산액의 약 13%를 차지하며 400만 개 이상의 일자리를 창출하는 핵심 산업이지만, 전동화 및 자율주행 기술이 급속도로 발전하면서 기존 인력의 역량을 뛰어넘는 새로운 기술 인재가 절실한 상황이다. 특히 자율주행차의 두뇌 역할을 하는 반도체(SoC, 시스템 반도체) 설계 역량이 부족하고, AI 반도체(뉴로모픽 칩, AI 가속기) 분야에서도 글로벌 경쟁력이 낮아 위기감이 커지고 있다. 문제는 앞으로도 반도체가 첨단 제품에 점점 더 많이 사용될 것이라는 점이다. 자율주행차, 로봇, 사물인터넷, 6G 통신, AI 가속기 등 모든 미래 기술이 반도체에 의해 구동되는데, 만약 우리 기업이 반도체 패권을 지키지 못한다면 단순한 산업 경쟁력 저하를 넘어, 국가의 미래 성장 동력이 통째로 흔들릴 수 있다.

이러한 인재 부족 현상은 단순히 개별 기업의 문제가 아니다. 반도체 등의 첨단 산업이 무너지면 한국 경제 자체가 흔들릴 수밖에 없다. 반도체 산업이 국가 경제에서 차지하는 비중이 절대적인 만큼, 핵심 산업이 쇠퇴하면 그 여파는 고용 시장부터 수출, 세수 확보, 내수 시장 악화, 국가 신용도 하락까지 전방위적으로 확산될 것이다. 단순한 저출산 대책을 논하는 것이 아니라, 지금 필요한 것은 경제를 떠받칠 산업 인재를 어떻게 길러낼 것인지에 대한 근본적인 해법이다.

우리에게 남은 시간은 많지 않다. 지금 당장 STEM 교육을 강화하고, 문제 해결형 학습과 실무 중심의 교육 시스템을 도입해 산업과 연계된 인재 육성 시스템을 구축하지 않는다면, 글로벌 경쟁에서 뒤처지고 국가 경제의 미래를 위협받게 될 것이다. 반도체 패권을 잃으면 대한민국 경제의 근간이 흔들린다는 사실을 직시하고, 인재 육성을 위한 강력한 대응이 필요한 시점이다. 단순한 저출산 문제가 아니라, 핵심 산업을 지탱할 인재가 사라지고 있는 현실을 직시해야 할 때다.

시총 100대 반도체기업 국가별 분포
(단위: 개사)

국가	개사
중국	42
미국	28
대만	10
일본	7
네덜란드	4
한국	3
이스라엘	2

자료 : 전경련

〈우리 반도체 기업의 현실. 얇은 반도체 생태계의 단면을 보여준다.〉

의대 쏠림 현상, 경제를 갉아먹다

반도체 산업이 글로벌 경쟁력을 유지하는 데 가장 큰 위협은 기술 격차가 아니라 핵심 인재 부족이다. 삼성전자와 SK하이닉스는 매년 수천 명의 반도체 전문 인력이 필요하지만, 이를 충원하지 못해 해외 인력을 적극적으로 영입하는 실정이다. 반도체 장비 엔지니어, 설계 인력, 공정 개발 전문가까지 전방위적으로 인재난이 심화되면서 기존 직원들의 업무 부담이 커지고 있으며, 이는 산업 전반의 성장 속도를 저하시키고 있다. 이러한 문제는 대기업뿐만 아니라 중소·중견 팹리스(반도체 설계 전문) 기업에도 동일하게 발생하고 있다. 반도체 설계는 고도의 전문성을 요구하지만, 국내 대학의 관련 전공 졸업생 상당수가 AI·데이터 사이언스 등 다른 분야로 빠져나가고 있으며, 몇몇 기업은 인력 공백으로 인해 사업 운영 자체가 어려운 상황이다.

이러한 인재 부족의 원인은 단순한 기술 격차나 교육 시스템의 문제를 넘어 의대 쏠림 현상에서 비롯된다. 최상위권 학생들이 반도체, 배터리, 소재 산업이 아닌 의대로 몰리면서 미래 핵심 산업을 떠받칠 인력이 급격히 줄어들고 있는 것이다. 의대 진학이 선호되는 이유는 명확하다. 안정적인 직업, 높은 소득, 사회적 인정이 보장되는 반면, 반도체·공학·소재 산업으로의 진출은 상대적으로 불확실하다. 엔지니어로 성공적인 커리어를 쌓으려면 석·박사 학위가 필수적이며, 연구개발(R&D) 직군은 의사보다 더 긴 시간 동안 학습해야 하지만 보상은 그에 미치지 못하는 경우가 많다.

이러한 현실 속에서 수학·과학을 잘하는 학생들은 점점 공학이 아닌 의학을 선택하고 있다. 과거 KAIST, 포스텍, 서울대 전자공학과 졸업생들이 반도체·소재·AI 산업에 몰렸던 것과 달리, 최근에는 의전원으로 방향을 바꾸거나 미국 유학을 택하는 경우가 늘어나고 있다. 더 나아가 의료 AI가 발전하면서, 공학 전공자들조차 반도체나 IT 기업이 아닌 의료 산업으로 진출하는 현상도 뚜렷해지고 있다.

이 같은 흐름은 산업계에도 직접적인 타격을 주고 있다. 삼성전자, SK 하이닉스뿐만 아니라 반도체 장비·소재 기업들은 연구개발 인력 부족으로 인해 신기술 개발 속도가 둔화되고 있으며, 해외 업체들과의 경쟁에서 점점 밀려나고 있다. 반면, 미국과 중국은 STEM 인재 육성에 국가 차원의 지원을 아끼지 않고 있으며, 대만은 정부와 민간 기업이 협력하여 반도체 인력 양성 프로그램을 운영하는 등 적극적인 대응에 나서고 있다.

국내 주요 대학들도 반도체 학과를 신설하며 대응에 나서고 있지만, 인재 확보에는 한계가 있다. 서울대, KAIST, 포스텍 등에서 관련 학과를 확대했음에도 불구하고, 졸업생들이 반드시 반도체 산업에 남아 있지는 않는다. 주요 대학의 반도체 학과 졸업생 중 상당수가 삼성전자나 SK하이닉스에 입사하기보다는 해외 대학으로 유학을 떠나거나 AI·데이터 사이언스 등 성장 가능성이 높은 다른 분야로 이동하고 있다. 심지어 반도체 설계와 공정을 전문으로 배운 인재들이 애플, 엔비디아, 테슬라 등 해외 기업으로 스카우트되는 사례도 증가하는 실정이다.

과거 정부의 대규모 R&D 투자와 함께 우수한 인재들이 반도체 산업에 유입되면서 한국이 글로벌 시장에서 우위를 점할 수 있었지만, 지금처럼 인력 유출이 지속된다면 반도체 산업의 지속 가능성마저 위협받을 것이다. 인재의 흐름을 되돌릴 수 있는 실질적인 대책이 마련되지 않는다면, 반도체 경쟁력은 더 이상 유지되기 어려울지 모른다.

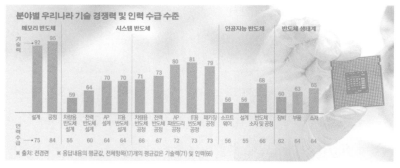

〈메모리 반도체를 제외하고는 인력 수급이 선진국의 60점대 수준을 보여준다〉

미국·중국·일본·대만은 어떻게 인재를 키우고 있나?

1. 미국: 반도체법(Chips Act)과 STEM 인재 집중 투자

미국은 반도체 패권을 유지하기 위해 Chips Act(반도체법)[12] 을 통해 자국 내 반도체 제조 시설을 구축하는 미국은 실리콘밸리를 중심으로 대학과 기업이 유기적으로 협력하는 산업 친화적 교육 모델을 구축하며, 글로벌 기술 경쟁력을 선도하고 있다. MIT, 스탠퍼드, UC버클리 같은 명문 대학들은 연구개발과 창업 지원을 활성화하며, 학생들이 학문적

---

12) 반도체법(CHIPS and Science Act, 2022): 미국이 2022년 8월 통과시킨 법안으로, 반도체 제조 및 연구개발(R&D) 지원을 통해 미국 내 반도체 생산 역량을 강화하는 것을 목표로 한다. CHIPS(Creating Helpful Incentives to Produce Semiconductors) Act는 미국 기업들이 반도체 공장을 자국에 건설하도록 유도하기 위해 보조금과 세금 혜택을 제공하며, STEM 인재 양성을 위한 교육·연구 지원도 포함하고 있다. 이는 미국이 중국과의 반도체 패권 경쟁에서 우위를 점하기 위한 전략적 조치로, 글로벌 반도체 공급망에도 큰 영향을 미치고 있다.

지식을 곧바로 산업에 적용할 수 있도록 돕는다.

이러한 경쟁력의 핵심은 이론 교육을 넘어 실전 중심의 학습 환경을 조성한 데 있다. 스탠퍼드와 MIT는 창업 인큐베이터와 벤처 캐피털 네트워크를 운영하며, 연구실에서 탄생한 기술이 빠르게 상용화될 수 있도록 지원한다. 구글, 애플, 엔비디아, 테슬라 같은 글로벌 기업들은 대학과 공동 연구 프로젝트를 진행하며, 최신 기술을 산업에 즉각 접목하고 있다.

정부 역시 국방고등연구계획국(DARPA)과 국립과학재단(NSF)을 통해 대학 연구를 지원하며, 연구 성과가 민간 기업으로 자연스럽게 이전되는 환경을 조성한다. 이처럼 정부, 대학, 산업이 유기적으로 연결된 혁신 생태계가 미국의 기술 패권을 뒷받침하는 핵심 동력이다.

미국의 사례는 기술 경쟁력을 갖추기 위해 단순한 대학 교육 개편이 아니라, 산업과 학계, 정부가 긴밀히 협력하는 생태계 조성이 필수적임을 보여준다.

2. 중국: 대규모 정부 투자와 공격적인 인재 영입

중국은 미국의 반도체 제재에 대응해 자국 반도체 산업을 육성하기 위해 수십조 원의 자금을 투입하고 있다. 동시에, 한국·대만·미국 출신 반도체 인재들을 적극적으로 영입하며 첨단 반도체 공정 기술을 빠르게 확보하고 있다. 또한 중국은 정부 주도의 강력한 과학기술 육성 정책을 통해 빠르게 STEM 경쟁력을 높이고 있다. "기술 독립"을 목표로 AI, 반도체, 양자컴퓨팅, 바이오 등 전략 산업에 대규모 투자를 단행하며, 이를 뒷받침하기 위해 연구 중심 대학을 집중 육성하고 있다.

그 중심에는 985·211 공정이 있다. 985 공정은 베이징대, 칭화대, 저장대, 푸단대 등 39개 주요 대학에 R&D 투자와 인프라를 집중 지원하는 정책이며, 211 공정은 100개 주요 대학을 선정해 국가 전략 산업과 연계된 연구를 수행하도록 지원하는 프로젝트다. 이를 통해 중국 정부는 세계적인 연구 대학을 육성하며, STEM 분야의 경쟁력을 지속적으로 강화하고 있다.

이와 함께 과학기술 연구소와 기업이 연계된 연구개발(R&D) 시스템을 구축하여, 연구 성과가 신속히 산업에 적용될 수 있도록 강력한 혁신 생태계를 조성했다. 첨단 산업에서 국가 차원의 대규모 R&D 투자가 이루어지면서 기술 발전 속도가 가속화되고 있으며, 정부 주도로 AI와 반도체 설계 전문가 양성 과정도 운영해 산업 맞춤형 인재를 적극 배출하고 있다.

3. 일본: 반도체 산업 재건과 고급 인력 양성

한때 반도체 강국이었던 일본은 1990년대 이후 반도체 산업이 쇠퇴했지만, 권토중래를 꿈꾸며 키옥시아(KIOXIA, 구 도시바메모리)를 필두로 삼성전자에 뺏긴 메모리 반도체 사업 재건을, TSMC와 협력하여 일본 내 반도체 공장을 건설하는 등 반도체 산업 활성화에 나섰다. 일본 정부는 STEM 교육 강화를 위해 대학 내 반도체 관련 학과를 확대하고 있으며, 반도체 소재·장비 분야에서 글로벌 경쟁력을 유지하기 위해 장기적인 인재 육성 전략을 추진 중이다.

일본은 전통적으로 제조업 중심의 기술 경쟁력을 유지하기 위해 '산관학 협력'(산업-정부-대학 협력) 모델을 적극적으로 추진해왔다. 일본의 대학들은 제조업 중심의 교육과 연구개발을 강화하며, 기업과의 긴밀한 협력을 통해 실무 중심의 기술 인재를 양성하는 교육 시스템을 구축하고 있다.

대표적인 사례로, 도쿄대, 교토대, 오사카대 등 주요 대학들은 반도체, 자동차, 로봇, 재료공학 분야에서 대기업과 공동 연구 프로젝트를 진행하며 산업 맞춤형 인재를 배출하고 있다. 일본의 대기업들은 대학 연구실과 협력하여, 연구 성과가 실제 산업 현장에서 활용될 수 있도록 지원하는 체계를 구축해왔다. 이처럼 학계와 산업계가 유기적으로 연결된 구조 덕분에, 연구개발(R&D) 성과가 곧바로 산업 현장에 적용될 수 있는 환경이 조성되어 있다.

4. 대만: 산업-교육 협력 모델 구축

대만은 반도체 산업을 국가 경제의 중심으로 삼고 있으며, TSMC와 연계한 산업-교육 협력 모델을 운영하고 있다. 이 과정에서 대만계 반도체 거장들이 주요한 역할을 해왔다. 모리스 창 TSMC 창립자는 "반도체 산업의 핵심 경쟁력은 결국 사람"이라며, 산업과 교육의 긴밀한 연계를 강조해왔다. 그의 철학에 따라, 대만 정부와 업계는 적극적인 인재 양성 전략을 추진하고 있다.

현재 대만 내 주요 대학들은 반도체·공학 전공을 강화하며, "반도체 아카데미(Semiconductor Academy)" 같은 특화된 교육 과정을 개설하고 있다. 대만 최고 명문 대학인 타이완대학교(NTU), 칭화대학교(NTHU), 쳉궁 대학교(NCKU) 등은 TSMC 및 주요 반도체 기업들과 협력해 반도체 설계, 제조, 패키징, 테스트 등 전 과정에 걸친 실무 교육을 제공한다.

특히, TSMC의 산학 협력 프로그램은 대만 반도체 교육의 핵심이다. 학생들은 대학 재학 중부터 TSMC의 인턴십 및 연구 프로젝트에 참여할 기회를 얻으며, 졸업 후에는 즉시 반도체 산업에 투입될 수 있도록 맞춤형 교육을 받는다. 이를 통해 기업들은 신입 직원의 교육 부담을 줄이고, 학생들은 졸업과 동시에 경쟁력 있는 실무 능력을 갖춘 엔지니어로 성장할 수 있다.

또한, 대만 정부는 반도체 연구개발을 적극 지원하며, 반도체 연구소(ITRI, 산업기술연구원)와 주요 대학 간 협력을 통해 첨단 공정 및 AI 반도체 연구를 강화하고 있다. ITRI는 주요 기업들과 긴밀한 협력을 유지하며, 반도체 설계·공정 개발을 이끌어 가는 핵심 기관으로 자리 잡고 있다.

이러한 산업-교육 연계 모델은 대만 반도체 산업의 지속적인 성장 기반이 되고 있으며, "공부한 것이 곧바로 산업에서 활용될 수 있는 교육 시스템"을 만들어가고 있다. 한국 역시 반도체 인재를 확보하기 위해서는 대만처럼 대학-기업-연구기관이 유기적으로 연결된 인재 양성 구조를 구축해야 한다.

실전형 인재 양성이 반도체 강국의 미래를 결정한다

세계는 지금 반도체 패권을 두고 치열한 경쟁을 벌이고 있다. 미국, 중국, 일본, 대만은 자국 반도체 산업을 육성하기 위해 적극적으로 투자하고 있으며, 특히 인재 확보에 총력을 기울이고 있다. 그러나 한국은 반도체 강국임에도 불구하고, 이를 유지할 핵심 인력이 부족한 현실에 직면해 있다. 단순히 대학 정원을 늘리는 방식으로는 해결할 수 없는 문제다.

현재 한국의 최상위권 학생들은 안정적인 직업을 선호하며, 공학과 이공계 분야의 지원이 줄어들고 있다. 이는 단순한 교육 문제가 아니라 국가 경제의 근간을 흔들 수 있는 구조적 위기다. 반도체뿐만 아니라 AI, 자율주행, 배터리 등 미래 산업 전반에서 전문 인력 확보가 어려워지고 있으며, 이에 대한 대응이 시급하다.

이제는 실전 중심의 교육 패러다임 전환이 필수적이다. 기업과 협력하는 프로젝트 기반 학습을 확대하고, 독일의 아우스빌둥처럼 현장에서 즉시 활용할 수 있는 실무 교육을 강화해야 한다. 특히, 반도체 특화 마이스터고와 특성화 대학을 육성하여, 고등학교 단계부터 실무형 엔지니어를 양성하는 것이 중요하다. 연구개발뿐만 아니라 생산·패키징·테스트 등 다양한 분야에서 인재를 체계적으로 확보하는 전략이 필요하다.

한국이 반도체 패권을 유지하려면, 단순한 대학 정원 확대가 아닌, 기업과 연계된 맞춤형 교육 프로그램을 도입해야 한다. 대학, 기업, 정부가 협력하여 졸업과 동시에 경쟁력을 갖춘 인재를 배출하는 시스템을 구축하는 것이 절실하다. 반도체 산업의 미래는 결국 사람에게 달려 있다. 우리가 지금 교육을 바꾸지 않는다면, 반도체 강국이라는 명성도 머지않아 사라질 것이다.

반도체 패권 경쟁과 대한민국의 도전

반도체 산업은 단순한 기술 개발이 아닌 국가 간 패권 경쟁의 중심에 있었다. 1950년대 미국이 반도체 시장을 개척했지만, 1980년대 일본이 DRAM(디램) 시장을 장악하며 미국을 위협했다. 이에 미국은 플라자 합의(1985)와 미·일 반도체 협정(1986)으로 일본의 성장을 억제했고, 그 빈자리를 삼성전자와 SK하이닉스가 채우며 메모리 반도체 시장을 주도하게 되었다.

1990년대 이후 대한민국과 대만이 반도체 강국으로 부상했다. 삼성전자와 SK하이닉스는 메모리 반도체 시장을 장악했고, 대만 TSMC는 파운드리(위탁 생산) 산업을 개척하며 시스템 반도체 분야를 선점했다. 그러나 반도체 산업에서 2등으로 한 번 밀려난 국가는 다시 1등으로 복귀하지 못한다는 냉혹한 법칙이 있다.

대분류	세부 항목	대표 기업
시스템 반도체	CPU (중앙처리장치)	Intel, AMD
	GPU (그래픽처리장치)	NVIDIA, AMD

대분류	세부 항목	대표 기업
시스템 반도체	AP (애플리케이션 프로세서)	Qualcomm, Apple
	AI 반도체	Google (TPU), Tesla (Dojo)
메모리 반도체	DRAM (휘발성 메모리)	Samsung, SK Hynix, Micron
	NAND Flash (비휘발성 메모리)	Samsung, SK Hynix, Kioxia
파운드리 (반도체 위탁 생산)	파운드리 (반도체 생산)	TSMC, Samsung Foundry, GlobalFoundries, Intel Foundry

〈반도체 생태계 구조〉

현재 반도체 패권 경쟁과 우리 기업의 과제

"중국 태풍까지 얻어맞는 반도체...
한국, 日 몰아낼 때처럼 당할 것"

중국 메모리 반도체가 무섭게 진격하고 있다. 한국 기업들이 독점하다시피 해온 D램 시장에서 중국 최대 메모리 기업 창신 메모리테크놀로지(CXMT)가 점유율을 빠르게 늘려가며 존재감을 키우고 있다...(중략) 〈2025.02.12. 조선일보〉

세계 각국은 반도체 기술 패권을 확보하기 위해 총력전을 펼치고 있다. 미국은 CHIPS Act를 통해 반도체 제조업을 자국으로 회귀시키고 있고, 중국은 SMIC, YMTC, CXMT를 중심으로 자급률을 높이며 시장 진입을 노리고 있다. 우리 기업은 메모리 반도체에서는 강세를 유지하고 있지만 경쟁 기업들이 바짝 쫓아오고 있고, 시스템 반도체, 파운드리 시장에서는 점점 밀려나는 상황이다. 특히, TSMC가 파운드리 시장을 독점하다시피 하고, GPU 등의 AI 반도체는 엔비디아·AMD·퀄컴이 주도하면서 삼성전자의 입지가 약화되고 있다.

대한민국 반도체 기업이 지속적인 경쟁력을 유지하려면 메모리 의존도를 낮추고, 시스템 반도체·파운드리 시장에서 경쟁력을 확보해야 한다. 또한, 자율주행·로봇·XR·차세대 클라우드 등 미래 산업과 결합한 신사업 개척이 필수적이다.

또한, 우리 반도체 기업이 국제 경쟁력을 확보할 수 있도록 위기감을 절실하게 새기고 사회적 합의를 바탕으로 세제 개편, 법률 정비, 지원 정책을 마련해야 한다.

우리는 지난 1990년대 무너진 일본을 반면교사로 삼아야 한다. 반도체 패권 경쟁에서 뒤처지는 순간, 시장에서 도태될 수밖에 없다. 우리 기업이 다시 한 번 세계 반도체 시장의 중심에 서려면, 기존의 성공에 안주하지 않고 과감한 혁신과 투자를 지속해야 한다.

6장

직업의 70%가 바뀐다, 그러나 교육은 그대로?

사라지는 직업, 새롭게 등장하는 직업들

학교 현장에서 학생들은 여전히 장래희망에 대한 막연한 기대를 품곤한다. "부자 사업가", "유명 인플루언서", "스포츠 스타"처럼 화려한 직업을 꿈꾸기도 하고, "의사", "교사"처럼 전통적으로 안정적인 직업을 희망하기도 한다. 하지만 자세히 상담해 보면, 이들의 꿈은 구체적인 계획이나 현실적인 이해 없이 그저 막연한 바람에 머물러 있는 경우가 많다. 이는 단순히 학생들의 문제가 아니다. 빠르게 변화하는 직업 환경 속에서 교육이 여전히 과거의 틀에 머물러 있기 때문이다.

역사를 돌아보면, 기술 혁신은 언제나 직업 구조를 뒤흔들었다. 19세기 초 영국에서 숙련된 직조 기술자들이 기계를 파괴하며 저항했던 러다이트 운동을 떠올려보자. 당시 노동자들은 기계가 자신의 일자리를 빼앗을 것이라 우려했지만, 결과적으로 산업혁명은 더 높은 생산성과 새로운 직업군을 창출했다. 인간은 변화에 적응했고, 단순 노동에서 벗어나 더 고도화된 업무를 수행하게 되었다.

오늘날 AI와 자동화 기술이 단순 반복 업무를 빠르게 대체하면서 비슷한 변화가 다시 일어나고 있다. 공장 조립 노동자, 고객 상담원, 단순 회계 및 법률 보조원, 기사 작성자 등은 AI 기반 챗봇과 RPA(로봇 프로세스 자동화) 기술로 대체되는 중이다. 그러나 이러한 변화는 일자리의 단순한 소멸이 아니라, 새로운 기회의 창출을 의미하기도 한다. AI 엔지니어, 데이터 분석가, 사이버 보안 전문가, 메타버스 크리에이터, 디지털 트윈 엔지니어 같은 직업들이 등장했고, AI를 조력자로 활용하는 작가, 예술가, 사업가들도 새롭게 부상하고 있다.

문제는 교육이 이러한 변화를 따라가지 못하고 있다는 점이다. 학교에서는 여전히 기존의 직업군을 중심으로 교육을 설계하고 있으며, 학생들은 미래에 사라질지도 모르는 직업을 목표로 공부하고 있다. 하지만 AI 기술은 계속해서 발전하고 있으며, 단순 자동화를 넘어 추론 능력까지 갖추기 시작했다. 이런 현실을 고려할 때, 우리는 단순히 "어떤 직업이 새로 생길 것인가"를 나열하는 것이 아니라, '어떤 패턴의 직업이 AI에 의해 대체될 것이고, 어떤 직업이 새롭게 등장할 것인가'를 가르쳐야 한다.

과거 기계화가 단순 노동을 대체하면서 인간이 더 창의적인 역할을 맡게 되었듯, AI 시대에도 인간은 보다 창의적인 문제 해결과 가치 창출에 집중해야 한다. 따라서 교육은 단순한 지식 전달에서 벗어나 AI와 협력하는 방법을 익히고, 창의적 사고와 융합적 문제 해결력을 키울 수 있도록 변화해야 한다. 이제 우리의 과제는 명확하다. 빠르게 변화하는 미래를 대비해, 학생들에게 단순한 직업 정보가 아니라 '변화에 적응하는 법'을 가르치는 것이다.

AI와 협업할 줄 아는 인재가 생존한다

AI는 인간의 경쟁자가 아니라 협업해야 할 동반자다. 단순 지식 노동자는 AI에 의해 대체될 가능성이 크지만, AI를 도구로 활용할 줄 아는 사람은 오히려 생산성을 극대화할 수 있다. 과거에는 정보와 데이터를 많이 알고 있는 것이 경쟁력이었지만, 이제는 AI가 더 방대한 지식을 더 빠르게 분석할 수 있다. 따라서 중요한 것은 단순히 데이터를 다루는 것이 아니라, AI를 활용해 새로운 가치를 창출하는 능력이다.

이런 변화는 결코 처음이 아니다. 과거 농경사회에서 인간의 사고력은 농사 지식과 생존 기술을 익히는 데 집중되었다. 산업혁명 이후에는 기계와 협업하며 더 효율적으로 생산하는 방법을 배우는 것이 중요해졌다. 20세기에는 컴퓨터와 인터넷이 등장하면서 정보처리 능력이 강조되었고, 스마트폰의 보급 이후 인간의 사고방식은 빠르게 디지털화되었다. 이제 AI가 등장한 지금, 인간의 뇌 역시 변화해야 한다. AI를 단순히 받아들이고 순응하는 것이 아니라, 적극적으로 활용하고 협업하는 방향으로 인간의 능력을 확장해야 하는 것이다.

AI를 효과적으로 활용하는 능력을 의미하는 'AI 리터러시(AI Literacy)'

는 이제 필수적인 교육 요소가 되고 있다. 미국과 유럽에서는 AI 리터러시 교육을 확대하면서 학생들이 AI를 단순한 도구가 아니라 창의적인 협업 파트너로 활용하도록 돕고 있다. 예를 들어, 핀란드는 전 국민을 대상으로 AI 교육을 도입했고, 싱가포르는 초·중·고등학교 정규 과정에 AI와 데이터 과학을 포함시켰다. 영국은 초등학교부터 알고리즘적 사고를 가르치며, 학생들이 AI를 활용한 문제 해결 방법을 익히도록 하고 있다.

반면, 한국의 교육은 여전히 AI를 가르치는 것이 아니라, AI가 가져올 변화에 대한 대비 없이 기존 방식의 학습을 반복하고 있다. 여전히 시험을 잘 보는 법, 정해진 문제를 해결하는 법을 중심으로 교육이 이루어지고 있으며, 학생들은 AI가 자동화할 가능성이 높은 직업을 목표로 삼고 공부하는 경우가 많다. 이는 마치 산업혁명기에도 여전히 수공업 기술만을 강조하는 것과 같다. 변화하는 시대에 맞춰 인간의 사고 방식도 진화해야 한다.

AI가 의료 데이터를 분석해 질병을 예측한다면, 의사는 이를 바탕으로 보다 정밀한 치료 계획을 수립하는 역할을 맡을 것이다. AI가 회계 데이터를 자동 정리해 준다면, 회계사는 이를 바탕으로 기업의 재무 전략을 세우는 일에 집중할 수 있다. 유튜브, 틱톡, 메타버스와 같은 크리에이터 경제에서도 AI를 활용해 콘텐츠를 기획하고, 보다 창조적인 작업을 수행하는 것이 인간의 역할이 될 것이다.

세계적 석학들은 AI가 무분별하게 발전하지 않도록 규제와 원칙이 필요하다고 강조하면서도, AI가 인간의 생산성을 높이는 방향으로 발전해야 한다고 입을 모은다. 즉, AI가 인간을 대체하는 것이 아니라, 인간이 더 고부가가치의 일에 집중할 수 있도록 도와야 한다는 것이다.

이를 위해 가장 중요한 것은 AI를 '잘 활용하는 법'을 배우는 것이다. AI를 두려워하기보다, AI와 협력할 줄 아는 능력을 갖춘다면, 오히려 경쟁력을 극대화할 수 있다. 이제 인간이 던져야 할 질문은 "AI가 나를 대신할까?"가 아니라, "AI와 함께 어떤 새로운 가치를 창출할 수 있을까?"가 되어야 한다. AI 시대에 인간의 역할은 단순히 살아남는 것이 아니라, 변화에 적응하고 발전하는 것이다.

다가올 창조적 파괴 속에서 새로운 기회를 만들 수 있는 교육

과거 산업혁명 시대처럼 AI 시대에도 변화를 거부하고 기존 방식대로 살아가기를 고집하는 사람들은 많을 것이다. 그러나 현실을 직시해야 한다. AI는 이미 인간의 조력자로 자리 잡았으며, 우리는 저렴한 비용으로 신뢰도 높고, 활용도가 뛰어나며, 일처리가 빠른 AI 어시스턴트를 사용할 수 있는 시대에 살고 있다. 만약 이런 도구를 활용하지 않는다면, 변화하는 세상에서 뒤처질 수밖에 없다.

이러한 변화는 인간의 창조력과 결합하면서 더욱 강력한 기회를 만들어낸다. 과거에는 아이디어가 있어도 이를 실현하는 것이 쉽지 않았다. 하지만 AI는 아이디어를 실제 제품과 서비스로 구현할 수 있는 가능성을 획기적으로 높이고 있다. 단순히 머릿속에 있던 개념에서 끝나는 것이 아니라, AI를 활용해 프로토타입을 만들고, 디자인을 최적화하며, 시장 데이터를 분석해 최적의 전략을 세울 수 있다. 이러한 과정에서 새로운 비즈니스 모델과 부가가치가 창출될 것이며, 그제서야 사람들은 뒤늦게 몰려들 것이다. 결국, AI는 인간을 대체하는 것이 아니라, 인간의 창의적 가능성을 현실로 만드는 촉진제 역할을 하게 될 것이다.

기술 혁신은 단순히 기존의 직업을 없애는 것이 아니라, 새로운 직업과 기회를 만들어낸다. 산업혁명 당시 마부와 직조공이 사라졌지만, 자동차 엔지니어와 기계공이 등장했다. 오늘날에도 AI와 자동화 기술이 기존 직업을 변화시키고 있지만, 동시에 AI 윤리 전문가, 메타버스 기획자, 데이터 시각화 디자이너, 디지털 휴먼 제작자 같은 새로운 직업들이 등장하고 있다.

문제는 이러한 변화 속에서 새로운 기회를 만들 수 있는 능력을 갖추는 것이다. 더 이상 단순 암기식 교육만으로는 살아남을 수 없다. "AI가 내 일을 대신하면 나는 무엇을 해야 할 것인가?"를 고민하는 것이 교육의 핵심이 되어야 한다. 단순히 변화하는 직업군을 나열하는 것이 아니라, 기술이 어떻게 직업의 형태를 바꾸고 있는지를 이해하고, 이에 적응하고 활용하는 능력을 기르는 교육이 필요하다.

AI 시대의 교육은 단순한 정보 전달이 아니라, AI를 활용한 창의적 문제 해결력을 키우는 것으로 변화해야 한다. 예를 들어, 학생들은 AI가 수행할 수 있는 역할과 한계를 분석하고, 이를 보완할 인간의 역할을 찾는 프로젝트형 학습을 경험해야 한다. 또한, AI 도구를 활용하여 직접 데이터를 분석하고, 문제 해결 방법을 도출하는 경험을 쌓아야 한다.

결국, AI가 인간을 대체할 것인가, 아니면 인간이 AI와 협업하며 새로운 가치를 창출할 것인가는 교육 방식에 달려 있다. 지금처럼 지식 암기 위주의 교육을 유지한다면, 미래 인재들은 AI에 의해 도태될 것이다. 하지만 AI를 활용하는 법을 배우고, 창의적 사고력을 키운다면, AI는 인간을 보조하는 강력한 도구가 될 것이다.

미래는 이미 다가왔다. 이제 필요한 것은 AI가 기존의 일자리를 대체하는 것이 아니라, 인간과 함께 새로운 기회를 창출하는 도구로 활용될 수 있도록 가르치는 교육이다. AI와의 협업을 통해 문제를 해결하고, 새로운 가치를 창출할 수 있도록 학생들에게 창조적 역량을 길러주는 것이 미래 교육의 핵심 과제가 되어야 한다. 우리는 단순히 AI를 배우는 것이 아니라, AI와 함께 새로운 시대를 개척할 인재를 길러내야 한다.

변화하는 미래, 변화해야 할 교육

기술 혁신이 직업 구조를 뒤흔드는 것은 역사적으로 반복되어온 현상이다. AI와 자동화가 단순 노동을 대체하는 것처럼 보이지만, 이는 새로운 기회를 창출하는 과정이기도 하다. 문제는 교육이 이러한 변화를 제대로 반영하지 못하고 있다는 점이다. 여전히 학생들은 사라질 가능성이 높은 직업을 목표로 공부하고 있으며, 창의적 문제 해결보다는 정형화된 지식 암기에 머물러 있다.

AI 시대에는 단순 지식의 양이 아니라, AI를 활용하여 새로운 가치를 창출하는 능력이 핵심 경쟁력이 된다. AI와 협업할 줄 아는 인재만이 변화 속에서 살아남을 것이며, 이를 위해 AI 리터러시 교육과 창의적 사고력 함양이 필수적이다. 세계 여러 나라가 AI 교육을 강화하고 있지만, 한국의 교육은 여전히 기존 틀을 벗어나지 못하고 있다.

과거 농경사회에서 산업사회로, 그리고 디지털 사회로 변화할 때마다 인간의 사고방식도 함께 진화해왔다. 이제 AI 시대에는 인간의 역할이 다시 한 번 변화해야 한다. AI가 단순 반복 업무를 맡는 대신, 인간은 더 창의적이고 전략적인 사고를 할 수 있도록 교육받아야 한다.

미래는 이미 우리 앞에 와 있다. 중요한 것은 AI가 인간을 대체할 것인지 아닌지가 아니라, 우리가 AI와 어떻게 협업하여 새로운 가치를 창출할 것인가이다. 교육이 변화하지 않으면 미래 인재들은 도태될 수밖에 없다. 이제는 학생들에게 단순한 직업 정보를 전달하는 것이 아니라, 변화에 적응하는 법, 그리고 변화를 주도하는 법을 가르쳐야 할 때다.

AI와 결합한 신개념 직업군 탐색

현재 AI 관련 직업군은 데이터 분석, 로봇공학, 디지털 콘텐츠 크리에이터 등으로 정리되어 있지만, 앞으로는 기존 산업과 AI가 융합되면서 예상치 못한 새로운 직업들이 등장할 가능성이 높다.

❶ AI-창작 융합 직업

- **AI 기반 예술가 (AI-Integrated Artist)**: AI를 활용해 음악, 회화, 소설 등을 제작하는 예술가가 늘어나고 있다. AI가 생성한 콘텐츠를 기반으로 새로운 형식을 창조하는 아티스트들의 활동 영역이 더욱 확대될 것이다.
- **AI 게임 디자이너**: AI가 플레이어의 행동을 분석하여 실시간으로 게임 환경을 조정하는 시대가 오고 있다. AI와 협력하여 동적 콘텐츠 (Adaptive Content)를 만드는 게임 개발자의 역할이 커질 것이다.

❷ AI-헬스케어 융합 직업

- **AI 정신 건강 코치**: AI가 데이터를 기반으로 정신 건강을 분석하고, 개인 맞춤형 치료법을 추천하는 시대가 오고 있다. 이를 활용하는 AI 심리 상담사가 각광받을 수 있다.
- **AI 바이오해커**: 유전자 데이터와 AI를 결합해 맞춤형 건강 관리를 제공하는 직업군이 성장할 가능성이 있다.

❸ AI-교육 융합 직업

- **AI 기반 맞춤형 학습 코디네이터**: 학생의 학습 패턴을 분석하고, 개별 맞춤형 교육 콘텐츠를 제공하는 전문가가 더욱 중요해질 것이다.
- **AI 윤리 교육 전문가**: AI 시대에 필요한 윤리적 사고를 기르는 교육이 중요해지면서, AI와 인간의 관계에 대한 철학적·도덕적 문제를 탐구하는 교육자가 필요할 것이다.

AI 시대, 인간의 역할은 어떻게 진화할까?

AI 시대에는 단순히 "새로운 직업"을 나열하는 것에서 한 단계 더 나아가, 인간의 본질적인 역할이 어떻게 변화할 것인지를 탐색해볼 필요가 있다.

❶ "AI가 할 수 없는 것은 무엇인가?"

AI가 점점 더 많은 기능을 수행하게 되면서, AI가 결코 대체할 수 없는 인간의 역량은 무엇인지 고민하는 것이 중요하다.

- 감정, 창조성, 윤리적 판단, 도덕적 가치 형성, 사회적 관계 형성 능력 등이 AI로 대체되기 어려운 핵심 요소로 꼽힌다.
- 예를 들어, AI가 상담을 제공할 수는 있지만, 인간이 느끼는 정서적 공감과 실제적인 위로는 대체하기 어렵다.

❷ "AI가 발전하면, 인간의 역할은 더 깊어지는가?"

- 과거 농경사회에서는 뇌가 생존 기술과 농사 지식에 집중했다.
- 산업혁명 이후에는 기계와 협업하며 생산성을 높이는 방향으로 인간의 역할이 변했다.
- 20세기에는 정보화 사회로 전환되면서 컴퓨터와 인터넷이 사고방식에 영향을 미쳤다.
- 이제 AI 시대에는 "인간이 AI와 어떻게 협력해야 하는가?"에 대한 고민이 필요하다.

인간-기계 협업 모델을 창의적으로 고민하기

현재 AI와 인간의 관계를 생각할 때, 단순히 "AI를 잘 활용해야 한다"는 수준에서 한 걸음 더 나아가, 인간과 AI의 협업 모델을 보다 창의적으로 구상할 필요가 있다.

❶ "AI와 인간의 역할을 어떻게 분배할 것인가?"

- AI가 업무의 80%를 수행하고, 인간이 창의적 결정만 내리는 구조가 이상적인가?
- 아니면 인간이 AI의 오류를 지속적으로 감시하는 역할을 해야 하는가?
- AI가 인간에게 질문을 던지고, 인간이 AI의 사고 방식을 개선하는 방식이 유용한가?

❷ "AI가 인간의 확장을 돕는 방향은?"

- AI가 인간의 감각(예: 시각, 청각, 촉각)을 확장하는 보조 역할을 할 수도 있다.
- AI와 인간이 공동 창작을 하는 시대가 올 수도 있다.
- AI가 인간의 사고방식을 분석하여 더 나은 결정을 내리도록 돕는 조언자가 될 수도 있다.

AI 시대의 교육은 어떻게 바뀌어야 할까?

현재 AI 시대를 대비하는 교육은 주로 코딩, 데이터 리터러시 등을 강조하고 있지만, 보다 창의적인 교육 모델을 고민해볼 필요가 있다.

❶ "AI 시대에 꼭 필요한 교육은?"

- 단순한 AI 활용 기술이 아니라, AI를 통해 문제를 해결하는 능력이 중요하다.
- 인간과 AI가 협력하는 윤리적 기준을 탐구하는 교육이 필요하다.
- AI가 제공하는 정보의 신뢰성을 평가하는 비판적 사고 능력이 필수적이다.
- AI가 학습할 데이터를 설계하는 데이터 큐레이션 능력이 새로운 교육 요

소가 될 것이다.

❷ **"AI와 협력하는 창의적 교육 방식은?"**

- AI를 직접 활용해 새로운 제품이나 콘텐츠를 제작하는 실습형 교육이 중요해질 것이다.
- AI를 비판적으로 분석하고, AI를 통해 사회 문제를 해결하는 사고 실험 (Think Tank 방식)이 필요하다.
- 학생들이 AI를 단순한 도구가 아닌 창의적인 파트너로 인식하도록 돕는 교육 방식이 강조될 필요가 있다.

7장

AI 혁명이 가져올
세수 부족과 일자리 격차

　한 카페에서 주문을 하려던 고객이 당황한 얼굴로 키오스크 앞에서 서성인다. 이전에는 화면을 터치하며 메뉴를 골랐지만, 이제 키오스크는 "어떤 음료를 드릴까요?"라며 자연스럽게 말을 걸어왔다. 고객이 망설이자 키오스크는 "요즘 많이 찾는 라떼 메뉴를 추천해드릴까요?"라고 덧붙인다. 테슬라, 현대자동차가 인수한 보스턴 다이나믹스 등 주요 로봇 기업들은 LLM(대형 언어 모델)과 휴머노이드 로봇을 결합한 모델을 속속 출시하려고 준비 중이며 이러한 변화를 더욱 가속화하고 있다. 이제 단순한 주문·결제 시스템을 넘어, AI는 인간과 대화하고 판단하며 업무를 수행하는 단계로 발전하고 있다.

　이제 우리는 이 거대한 변화를 받아들이고, 단순히 AI의 발전을 관망하는 것이 아니라 어떻게 하면 AI와 협력하며 더 가치 있는 일을 할 수 있을지 고민해야 한다. 만약 사회가 단순히 "기계가 인간의 일을 대신해 줄 테니, 근로 시간을 줄이고 복지를 확대하자"는 방향으로 나아간다면, 인간의 근로 의욕은 점차 사라지고, 결국 AI 시대의 혜택을 누릴 기회조차 잃어버릴 것이다. 따라서 기술 발전이 인간의 삶을 더욱 풍요롭게 만들기 위해서는 성실한 근로가 존중받고, 인간이 AI와 협력하며 끊임없이 발전하려는 사회적 분위기를 조성하는 것이 필수적이다.

로봇과 AI가 일하는 시대, 세금은 어디서 걷나?

과거 산업혁명이 진행되던 시기를 떠올려보자. 기계가 방직업 노동자의 일자리를 위협하자, 분노한 노동자들은 공장을 습격해 기계를 파괴했다. 그러나 결국 기계화는 거스를 수 없는 흐름이었고, 기계를 활용할 줄 아는 사람들은 더 나은 일자리를 얻었다. 오늘날 AI가 가져오는 변화도 이와 다르지 않다. AI가 인간의 노동을 대체하며 근로소득 기반의 조세 시스템이 흔들리고 있으며, 많은 일자리가 사라지는 반면, 새로운 직업이 등장하고 있다.

문제는 이러한 변화 속에서 혜택이 특정 집단에게만 집중될 가능성이 크다는 점이다. 기업들은 자동화를 통해 인건비를 절감하면서도, AI와 로봇이 대체한 노동에는 세금을 부과하지 않는다. 이는 소득세와 법인세 감소로 이어져 정부의 복지 재원이 줄어드는 악순환을 만든다. 이를 해결하기 위해 일부 국가에서는 '로봇세(Robot Tax)' 도입을 논의하고 있다. 예를 들어, AI가 수행하는 노동의 경제적 가치를 세금으로 환산해 일정 부분을 국가 재원으로 활용하는 방식이다.

마이크로소프트 창업자 빌 게이츠 역시 이러한 문제를 지적하며, AI가 창출하는 부를 보다 공정하게 분배해야 한다고 강조했다. 그러나 무분별한 과세는 기업의 혁신을 저해할 수 있으며, 오히려 국가 경쟁력을 약화시킬 위험도 있다. 이에 따라 유럽과 미국 일부 국가들은 AI 기반 서비스에 디지털세(Digital Tax)를 부과하거나, 대기업이 축적한 데이터를 공공 재원으로 활용하는 방안을 모색하고 있다.

결국 중요한 것은 AI가 만든 부가 혜택이 소수에게만 집중되지 않도록 하는 조세 개혁과, AI와 협력할 수 있는 인재를 양성하는 교육 개혁이 동시에 이루어져야 한다는 점이다.

줄어드는 생산 인구, 늘어나는 복지 부담

"AI가 대부분의 일을 한다면, 우리는 일할 필요가 없는 세상이 올까?"

핀란드와 캐나다, 스페인 등 일부 국가들은 이러한 물음에 대한 답을 찾기 위해 기본소득(UBI) 실험을 진행했다. AI와 자동화로 인해 줄어드는 일자리에 대비해 모든 국민에게 일정 금액을 조건 없이 지급하는 정책이었다. 그러나 실험 결과, 기본소득이 반드시 사회적 효율성을 높이진 않는다는 점이 드러났다. 일부 사람들은 창업이나 자기 계발에 집중했지만, 또 다른 일부는 근로 의욕을 상실하고 기존의 경제 활동에서 이탈하는 문제를 보였다.

이에 대한 대안으로 '음의 소득세(Negative Income Tax, NIT)' 모델이 제안되었다. 미국 경제학자 밀턴 프리드먼[13]이 제시한 이 모델은 소득이 일정 수준 이하일 경우 정부가 차등적으로 보조금을 지급하는 방식이다. 이는 기본소득보다 현실적인 대안으로 평가되며, 근로 의욕을 유지하면서도 소득 불평등을 완화할 수 있는 방안으로 주목받고 있다. 서울시에서도 최근 '안심소득' 실험을 통해 이 방식을 검증하고 있다.

AI 시대의 복지 정책은 단순히 일하지 않아도 돈을 지급하는 방향이 아니라, 근로 의지를 유지하면서도 사회 안전망을 강화하는 방식으로 설계되어야 한다. 인간이 AI와 협력하며 더 가치 있는 일을 할 수 있도록 지원하는 정책이 필요하며, 이를 위해 AI 기술을 적극 활용한 재교육 시스템과 맞춤형 직업 전환 지원이 필수적이다.

교육이 바뀌어야 경제도 살아난다

AI 시대에 세수 부족과 일자리 감소 문제를 해결하는 가장 근본적인 방법은 교육 개혁이다. 단순한 노동을 대체하는 AI와 협업할 수 있는 인

---

13)   밀턴 프리드먼(Milton Friedman, 1912~2006): 미국의 대표적인 자유주의 경제학자로, 1976년 노벨 경제학상을 수상했다. 그의 대표적인 이론 중 하나가 '음의 소득세(Negative Income Tax, NIT)'로, 저소득층에게 일정 소득 이하일 경우 정부가 차등적으로 보조금을 지급하는 방식이다. 이는 현대 기본소득(Basic Income) 논의의 기초가 되었으며, AI 시대의 일자리 감소에 따른 복지 모델 개편 논의에서도 주요한 참고 사례로 거론된다. 그의 저서 '자유를 위한 선택'(1980)은 시장 경제와 작은 정부를 강조하는 대표적인 경제학 저서로 꼽힌다.

재를 길러내는 것이 핵심이며, 새로운 직업 창출과 노동 시장 변화에 대응할 교육 체계가 필요하다.

단순 반복 업무는 AI가 대체하겠지만, 데이터 분석, 자동화 시스템 설계, AI 윤리 검토, 창의적 문제 해결 능력을 갖춘 인재들은 오히려 더욱 가치가 높아질 것이다. 하지만 현재 교육 시스템은 이러한 변화를 반영하지 못하고 있으며, 여전히 암기식 학습과 정답을 맞히는 평가 방식에 머물러 있다.

핀란드는 전 국민을 대상으로 AI 교육을 시행하며, 싱가포르는 초·중·고 정규 과정에 데이터 과학과 AI 윤리 과목을 포함시켰다. 영국은 초등학생부터 알고리즘적 사고를 가르치며, 학생들이 AI를 도구로 활용할 수 있도록 교육하고 있다. 하지만 한국의 교육은 여전히 암기식 학습과 정답 찾기 위주의 평가 방식에서 벗어나지 못하고 있다.

AI 시대에 경쟁력을 갖추려면, 우리나라도 학생들에게 문제 해결형 학습(PBL), 현상 기반 학습(PhBL), 탐구 기반 학습을 적극 도입해야 한다. 창의적·비판적 사고력을 기르고, AI와 자동화를 도구로 활용할 수 있는 역량을 길러야 한다.

결국, AI와 로봇이 일하는 시대, 세금 정책과 복지 체계의 변화도 중요하지만, 그보다 더 근본적인 해결책은 교육을 통해 새로운 직업과 기회를 창출하는 것이다. AI를 활용할 줄 아는 인재를 키우고, 기술 변화를 기회로 전환할 수 있는 사회를 만드는 것, 그것이 우리가 가야 할 방향이다.

AI 시대, 교육과 정책의 변화가 해답이다

AI와 자동화 기술이 빠르게 발전하며 단순 노동은 기계로 대체되고 있다. 이에 따라 근로소득 기반의 조세 시스템이 흔들리고 복지 재원 확보가 어려워지는 문제가 발생하고 있다. 일부 국가에서는 '로봇세'나 '디지털세' 같은 새로운 과세 방안을 논의하지만, 이는 기업의 혁신을 저해할 우려가 있다. 따라서 중요한 것은 AI가 창출하는 부를 공정하게 배분하면서도 경제 성장을 저해하지 않는 균형 잡힌 정책을 마련하는 것이다.

일자리 감소에 대비한 기본소득(UBI)도 논의되고 있지만, 근로 의욕 저하라는 부작용이 있다. 대신, 소득 수준에 따라 차등 지원하는 '음의 소득세(NIT)' 같은 현실적 대안이 주목받고 있다. 복지는 단순한 현금 지급이 아니라, AI 시대에도 인간이 경제 활동을 지속할 수 있도록 설계되어야 한다.

그러나 가장 근본적인 해결책은 교육 개혁이다. AI가 단순 업무를 대신하는 시대에는 인간의 창의적 사고, 문제 해결 능력, 데이터 활용 역량이 더욱 중요해진다. 핀란드, 싱가포르, 영국 등은 AI 교육을 정규 과정에 포함시키며 미래를 준비하고 있지만, 한국의 교육은 여전히 과거의 틀에 머물러 있다.

AI와 협력하며 가치를 창출하는 인재를 길러내지 않으면, 우리는 변화에 휩쓸릴 뿐이다. 이제 교육은 암기가 아니라 창의적 문제 해결력을 키우는 방향으로 나아가야 한다. AI 시대의 변화는 위기가 아닌 기회가 되어야 한다.

기본소득과 음의 소득세, 새로운 소득 보장의 실험

AI와 자동화가 일자리를 빠르게 변화시키면서, 기존의 노동 기반 소득 구조가 한계를 맞고 있다. 이에 따라 여러 나라에서 기본소득(Basic Income)과 음의 소득세(Negative Income Tax, NIT)를 실험하며, 새로운 소득 보장 모델을 모색하고 있다.

기본소득은 모든 국민에게 조건 없이 일정 금액을 지급하는 방식이다. 핀란드, 미국, 캐나다, 케냐 등 여러 국가에서 실험이 진행되었으며, 정신적 안정과 삶의 질 향상에는 긍정적인 영향을 미쳤지만, 노동시장 재진입 효과는 크지 않았다. 반면, **음의 소득세**는 일정 소득 이하의 저소득층에게 보조금을 지급하는 방식으로, 미국과 캐나다에서 실험된 바 있다. 이 방식은 빈곤 완화와 근로 유인을 동시에 제공하는 효과가 있어 보다 현실적인 대안으로 평가된다.

두 모델은 각기 장단점이 있다. 기본소득은 단순하지만 재원 마련이 큰 과제이며, 음의 소득세는 보다 경제적이지만 행정적 절차가 복잡할 수 있다. AI가 인간의 노동을 점점 대체하는 시대, 결국 노동 없이도 생계를 유지할 수 있는 새로운 복지 모델이 필요해질 것이다. 다만, 무조건적인 현금 지급이 근로 의욕을 저하시킬 가능성이 있는 만큼, 단순한 지원이 아니라 경제적 자립과 생산성을 높일 수 있는 방향으로 설계하는 것이 중요하다.

비교 항목	기본소득(Basic Income)	음의 소득세(NIT)
소득 기준	모든 국민에게 지급	저소득층에 한해 지급
조건 유무	노동 여부와 관계없이 지급	일정 소득 이하일 때만 지급

비교 항목	기본소득(Basic Income)	음의 소득세(NIT)
행정적 복잡성	단순함 (일정 금액 지급)	행정 처리 필요 (소득 조사 필요)
노동 시장 영향	노동 의욕 감소 가능성 있음	근로 장려 효과 기대 가능
정책 목적	소득 불평등 해소 및 기본권 보장	빈곤층 지원 및 복지 효율화

　현재까지 진행된 실험 결과를 보면, 기본소득은 빈곤층의 삶의 질과 정신 건강을 개선하는 효과가 크지만, 노동시장 참여를 획기적으로 증가시키지는 못했다. 반면, 음의 소득세는 근로 의욕을 유지하면서도 소득 보전 효과가 있다는 점에서 더 현실적인 대안으로 평가된다.

　그러나 만약 AI와 자동화로 인해 인간의 대규모 일자리 상실이 현실화 된다면, 전통적인 노동 중심의 소득 모델이 한계를 맞게 될 것이고, 결국 기본소득과 같은 보편적 소득 보장 정책이 더욱 주목받게 될 가능성도 크다.

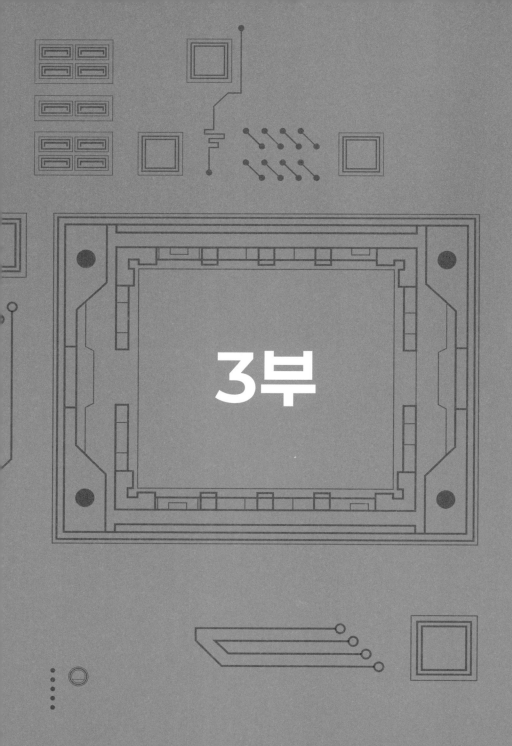

3부

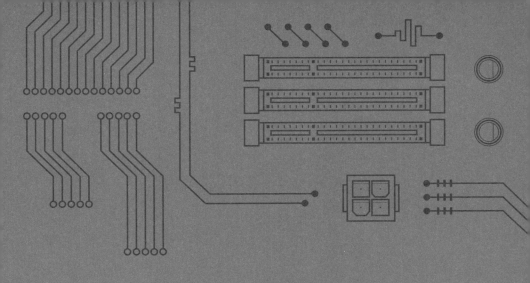

미래 교육 개혁,
이제는 바꿔야 한다

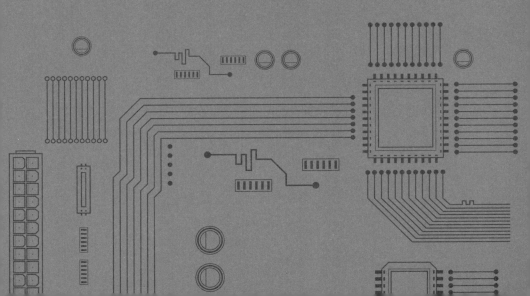

8장

대한민국 교육,
AI 리터러시를 필수 교육으로

AI는 툴(tool), 활용법을 모르면 뒤처진다

AI는 더 이상 미래의 기술이 아니라, 이미 우리 삶 깊숙이 자리 잡고 있다. 검색 엔진에서부터 스마트폰 비서, 기업의 데이터 분석까지, AI는 정보를 처리하고 문제를 해결하는 필수 도구가 되었다. 하지만 AI가 발전할수록 이를 활용할 줄 아는 사람과 그렇지 못한 사람 간의 격차는 점점 더 벌어질 것이다. AI 리터러시, 즉 AI를 이해하고 적절하게 활용할 줄 아는 능력은 앞으로의 교육에서 반드시 필수로 자리 잡아야 한다.

작년 학교에서 논술형 과제를 진행하면서 깨달은 경험이 있다. 필자는 학생들에게 "멀리뛰기 종목에서 사용되는 과학적 법칙 중 뉴턴의 세 가지 법칙을 적용해 작성하시오." 이라는 주제를 던졌고, 학생들은 이를 바탕으로 오픈북 형식으로 논술 과제를 작성했다. 하지만 결과물을 살펴보던 필자는 깜짝 놀랐다. 다양한 시각과 개성이 담긴 글을 기대했지만, 대부분의 학생이 비슷한 문장과 논리 구조를 가진 답안을 제출했던 것이다. 마치 복사한 듯한 문장이 반복되었고, 심지어 일부 표현은 그대로 일치했다.

나중에 학생들에게 물어보니 대답은 간단했다. "그냥 챗GPT한테 물어봤어요."

과제를 고민하고, 스스로 답을 찾아가는 과정 없이, AI에게 정답을 받아 적는 것이 더 효율적이라고 생각한 것이다. 하지만 이는 AI를 창의적 도구로 활용하는 것이 아니라, 단순한 숙제 해결 기계로 전락시키는 대표적인 사례다.

과거에도 새로운 기술이 등장할 때마다, 이를 제대로 받아들이고 활용한 사람과 그렇지 않은 사람 간의 격차는 급격히 벌어졌다. 산업혁명 초기, 기계를 거부했던 러다이트 운동이 있었던 반면, 기계를 적극적으로 도입한 기업과 기술자들은 시장을 선점하며 번성했다. AI 시대 역시 마찬가지다. AI를 활용할 줄 아는 사람은 더 높은 생산성을 발휘하며 경쟁력을 갖추지만, AI를 단순한 위협으로만 여기는 사람들은 뒤처질 수밖에 없다.

AI는 인간을 대체하는 것이 아니라, 인간이 더 창의적이고 효율적으로 일할 수 있도록 돕는 도구다. 하지만 이 도구를 제대로 활용하지 않으면, 오히려 학생들의 사고력과 문제 해결 능력을 저하시킬 수 있다. "AI에게 답을 묻고 그대로 받아 적기"가 아니라, AI가 제공하는 정보를 비판적으로 분석하고, 자신의 의견을 더해 새로운 관점을 만들어가는 것이 진정한 AI 활용법이다.

AI 시대의 교육은 단순한 정보 전달을 넘어, AI와 협업하며 문제를 해결하는 방법을 가르쳐야 한다. 기술이 발전할수록 중요한 것은 AI가 아니라, 그것을 다루는 인간의 사고력이다. AI를 단순한 자동 답안 기계가 아니라, 창의적 도구로 활용하는 법을 배워야 한다. 그렇지 않으면, 우리는 AI가 제공하는 정답에 갇힌 채, 진짜 사고하는 능력을 잃어버릴지도 모른다.

확증편향과 정보의 홍수, 어떻게 극복할 것인가?

AI와 SNS 등 다양한 매체를 이용한 정보 왜곡이 심각한 현실 속에서, 우리는 정보의 양극화와 확증편향이 초래하는 사회적 분열을 체감하고 있다. 정보의 홍수 속에서 일부 사실을 기반으로 나머지는 거짓과 과장이 뒤섞여 전달되며, 사람들은 자신이 믿고 싶은 정보만을 찾는 경향을 보인다. 이는 인지 부조화를 초래하고, 반복적으로 같은 성향의 정보를 접하며 더욱 극단적인 입장을 강화하게 된다. 이러한 현상은 정치권의 양극화를 더욱 심화시키고, 사회적 대립을 격화시키는 악순환을 만든다.

디지털 시대에 학생들이 접하는 정보 또한 점점 편향되고 있다. SNS와 유튜브 알고리즘은 사용자의 선호에 맞춰 필터링된 정보만을 제공하며, 다양한 시각을 접할 기회를 차단하는 '확증편향'을 강화한다. 이는 논리적 사고를 방해하고, 창의성을 억제하는 결과를 초래한다. 예일대

스티븐 로치(Stephen Roach) 교수는 저서 우발적 충돌(Accidental Conflict)에서, 서로 다른 시각과 경험이 충돌할 때 창의적 혁신이 발생한다고 강조했다. 그러나 지금의 디지털 환경에서는 이러한 충돌의 기회가 점점 사라지고 있다. 학생들은 자신의 관심사와 일치하는 정보만을 소비하면서 반대되는 시각을 접할 기회를 잃어가고 있다.

더욱 심각한 문제는 AI와 프로파간다가 결합하여 새로운 형태의 선동이 가능해지고 있다는 점이다. AI는 맞춤형 정치 광고, 자동 생성된 가짜 뉴스, 딥페이크 등을 통해 대중을 조작하는 도구로 활용되고 있다. 과거에는 특정 집단이 선전물을 제작해 유포해야 했지만, 이제는 AI가 개별 사용자 맞춤형으로 정보를 제공하며 보다 정교한 조작이 가능해졌다. 이는 단순히 정치적 선전이 아니라, 사회적 담론 전체를 왜곡하는 심각한 문제로 이어지고 있다.

이러한 시대일수록 교육의 역할은 더욱 중요하다. 학생들이 정보를 단순히 받아들이는 것이 아니라, 이를 분석하고 비판적으로 평가하는 능력을 길러야 한다. AI가 제공하는 정보가 객관적이라고 믿는 것이 아니라, 그 출처와 논리를 검토하고 다양한 시각에서 비교하는 비판적 사고가 필수적이다. 하지만 단순히 '비판적으로 사고해야 한다'고 강조하는 것만으로는 부족하다. 문제를 정의하고, 가설을 세우고, 근거를 검토하고, 반론을 고려하며 결론을 도출하는 탐구 과정이 필요하다.

그렇다면 어떻게 하면 학생들이 논리적 비판적 사고력을 기를 수 있을까? 답은 탐구 기반 학습에 있다. 단순 암기식 학습에서 벗어나, 학생들이 스스로 질문을 던지고 답을 찾아가는 과정이 필요하다. 예를 들어,

"기후 변화는 인간의 활동 때문인가?"라는 질문이 주어졌을 때, 학생들은 과학적 데이터를 분석하고, 역사적 사례를 조사하며, 상반된 견해를 비교하면서 자신의 논리를 구축해야 한다. 이렇게 탐구하는 과정에서 학생들은 정보를 무비판적으로 수용하는 것이 아니라, 논리적으로 평가하고, 근거를 바탕으로 자신의 생각을 정리하는 능력을 기르게 된다.

한 가지 사례를 떠올려보자. 17세기 유럽에서는 '스스로 생각하는 능력'이 없다고 여겨졌던 사람들이 있었다. 그들은 한 권의 책을 읽으며, 사회의 고정관념과 싸웠다. 바로 갈릴레오 갈릴레이가 쓴 대화라는 책이었다. 이 책은 지구가 태양 주위를 돈다는 '지동설'을 주장했고, 기존의 '천동설'과 충돌하며 거센 비판을 받았다. 하지만 갈릴레오가 과학적 증거를 바탕으로 논리를 전개하면서, 사람들은 조금씩 새로운 시각을 받아들이기 시작했다. 비록 갈릴레오는 종교재판을 받고 가택연금 당했지만, 그의 논리는 결국 역사를 바꾸었다.

지금 우리가 처한 현실도 이와 크게 다르지 않다. AI가 만든 가짜 뉴스와 SNS의 편향된 알고리즘은 현대판 '천동설'이 될 수 있다. 이를 맹목적으로 믿는다면, 우리는 가짜 정보 속에서 길을 잃고 말 것이다. 하지만 만약 우리가 갈릴레오처럼 논리적 비판적 사고를 기르고, 다양한 관점을 탐구하며, 스스로 질문을 던질 수 있다면, 우리는 거짓과 조작을 넘어 진실에 다가갈 수 있을 것이다.

교육이 바로 이 변화를 만들어야 한다. 학생들에게 '정답'을 가르치는 것이 아니라, '어떤 질문을 던질 것인가'를 고민하게 해야 한다. 단순한 지식 암기가 아니라, 논리적 사고력과 탐구 능력을 키워야 한다. 그렇지 않으면 우리는 AI가 제공하는 정보에 휘둘리는 객체로 전락할 것이고, 사회는 더욱 극단적인 분열로 치닫게 될 것이다. 결국, 정보가 넘쳐나는 시대일수록 '무엇을 아느냐'보다 '어떻게 사고하느냐'가 더 중요하다.

PBL, PhBL과 AI를 접목시킨 교육?

2장에서 설명하였듯이 작년 여름, 필자는 '내가 살고 싶은 도시 만들기 – 미래 도시 설계'라는 프로젝트를 운영했다. 학생들은 친환경 에너지, 스마트 교통 시스템, 자원 순환, 인프라 등을 고려하여 미래 도시를 설계하는 과제를 받았다. 필자는 탄소 배출 데이터를 제공하고, 기존 친환경 도시 모델을 분석하도록 지도했다. 하지만 막상 프로젝트가 시작되자, 많은 학생이 어디서부터 시작해야 할지 몰라 막막해했다.

"도시의 탄소 배출을 줄이려면 어떤 방법이 효과적일까요?"

"이미 존재하는 친환경 도시 모델 중 가장 성공적인 사례는 무엇인가요?"

이런 질문을 받았을 때, 교사는 단순히 책이나 인터넷에서 자료를 찾도록 하기보다 AI를 적극적으로 활용하는 방법을 안내했으면 어땠을까?

지식 탐구 자체를 소홀히 하자는 것이 아니다. 또한, 현행 시험 체계나 수업 방식을 전면적으로 바꾸자는 것이 아니다. 다만, 논술형 평가를 모든 교과에 도입한 것처럼 기존의 평가 방식 안에서도 학생들이 탐구하고 사고할 기회를 가질 수 있도록, 학습 과정에서 자연스럽게 몰입하고 상호작용하며 비판적 사고를 키울 수 있는 환경을 제공해야 한다고 생각한다.

이를 위해 수업 평가 도구의 한 형태로 탐구 기반 학습을 적용하여, 학생들이 학습의 동기를 느끼고 성장하는 경험을 할 수 있도록 해야 한다.

1. AI와 결합한 PBL: 문제 해결 과정이 더 깊어지다

문제 해결형 학습(PBL)은 학생들이 실제 문제를 정의하고, 해결책을 찾아가는 과정에서 배우는 학습법이다. 기존의 PBL 방식에서는 교사가 제공한 자료와 학생들의 검색 능력에 따라 프로젝트의 깊이가 결정되었다. 그러나 AI를 활용하면 탐구의 범위와 수준이 훨씬 확장될 수 있다. 학생들은 더 방대한 데이터에 접근할 수 있을 뿐만 아니라, 분석 과정에서 AI의 도움을 받아 보다 정교하고 논리적인 탐구를 진행할 수 있다.

예를 들어, "탄소 배출을 줄이기 위한 해결책을 마련하라"는 과제를 수행하는 과정에서 AI는 단순한 정보 검색 도구를 넘어 탐구의 파트너가 된다. 학생들은 AI를 활용해 주요 국가들의 탄소 배출 감소 추이를 분석하고, 최신 데이터를 바탕으로 문제의 심각성을 파악할 수 있다. AI가 제공하는 그래프나 표를 활용하면, 데이터 분석에 익숙하지 않은 학생들도 손쉽게 트렌드를 이해하고 의미를 해석할 수 있다.

뿐만 아니라, AI를 활용하면 기존에 탄소 중립을 달성한 도시의 사례를 찾아보고, 각 도시가 시행한 정책을 비교·분석할 수 있다. 예를 들어, AI는 덴마크 코펜하겐의 친환경 도시 설계와 도쿄의 탄소세 정책을 소개하며, 두 정책의 차이점과 공통점을 분석할 기회를 제공한다. 이러한 과정을 통해 학생들은 어떤 정책이 가장 효과적인지 토론하고, 현실적인 대안을 모색하며, 보다 심층적인 탐구를 진행하게 된다.

창의적인 해결책을 도출하는 과정에서도 AI는 중요한 역할을 한다. 학생들이 AI에게 "탄소 배출을 줄이는 혁신적인 기술이 무엇이 있을까?"라고 질문하면, AI는 탄소를 흡수하는 건축물, 전기차 인프라 확장, 친환경 연료 등 다양한 해결책을 제시할 것이다. 그러면 학생들은 이를 현실적으로 적용할 수 있는 방안을 고민하게 된다. "탄소를 흡수하는 건축물"이라는 개념이 등장하면, 이를 실제 도시 설계에 어떻게 반영할 것인지 논의하며, 건축 재료부터 법적 규제까지 고려하는 과정을 거치게 된다.

그러나 AI가 제시하는 정보와 해결책을 무조건 받아들여서는 안 된다. 교사는 학생들에게 AI가 제공하는 정보의 출처를 검증하고, 신뢰성을 평가하는 방법을 가르쳐야 한다. 예를 들어, "이 해결책이 우리나라에서는 현실적으로 실행 가능한가?"와 같은 질문을 던지며, 학생들이 단순한 정보 수집에서 벗어나 비판적으로 사고할 수 있도록 유도해야 한다. 이를 통해 학생들은 AI를 단순한 검색 도구가 아닌 협력적 학습 파트너로 활용하는 경험을 하게 된다.

이제 이 원리를 바탕으로, 연령대별로 적용할 수 있는 AI 기반 PBL 수업을 살펴보자.

AI와 결합한 PBL 수업 예시

★ "영어로 떠나는 가상 여행" (초등학교 영어)
주말, 가족과 함께 여행 다큐멘터리를 보던 한 초등학생이 문득 궁금해졌다. "나도 외국에 가면 영어로 말할 수 있을까?" 이 질문에서 출발한 프로젝트는 여행을 주제로 영어를 배우는 과정으로 이어진다.

❶ AI와 함께 탐구하기:

학생들은 AI에게 "해외 여행을 갈 때 꼭 필요한 영어 표현"을 물어보고, 공항, 호텔, 식당에서 실제로 사용할 수 있는 문장을 찾아본다.

❷ 역할극 및 실습하기:

여행 계획을 세우면서 "공항에서 표를 살 때 뭐라고 말해야 할까?", "식당에서 음식을 주문할 때는?" 같은 상황별 대화를 연습한다.

❸ 여행 시뮬레이션 활동:

학생들은 팀을 나누어 공항 체크인, 호텔 체크인, 길 묻기 등 여행에서 흔히 겪는 상황을 영어로 연기하며, 실제 여행처럼 역할극을 진행한다.

➜ 이 과정에서 학생들은 실생활에서 영어를 사용하는 경험을 하고, 단순한 단어 암기가 아니라, 실제 상황에서 자연스럽게 표현을 익히게 된다.

★ "일상 속 법, 우리는 얼마나 알고 있을까?" (중학교 사회)

"왜 부모님은 우리가 밤늦게 다니면 안 된다고 하실까?"

"친구와 게임 아이템을 거래했는데, 이게 법적으로 문제가 될 수 있을까?"

이런 질문에서 출발한 프로젝트는 일상 속 법과 우리 생활의 관계를 탐구하는 과정으로 이어진다.

❶ AI와 함께 법 탐구하기:

학생들은 AI에게 "우리나라에서 청소년이 꼭 알아야 할 법"을 물어보고, 일상생활과 관련된 법률(청소년 보호법, 계약법, 개인정보 보호법 등)을 조사한다.

❷ 실제 사례 분석하기:

학생들은 AI를 활용해 "학교에서 발생할 수 있는 법적 문제"를 찾고, 실제 사건과 판례를 분석하며, 법이 어떻게 적용되는지 알아본다.

❸ 모의 재판 및 토론 활동:

팀을 나누어 한쪽은 "청소년 야간 외출 제한은 필요한가?"를 찬반으로 나누어 토론하고, 다른 한쪽은 "게임 아이템 거래 시 계약 문제"와 관련해 모의 재판을 진행한다.

→ 이 과정에서 학생들은 법이 단순한 규칙이 아니라, 우리 일상과 밀접하게 연결된 중요한 요소임을 깨닫고, 법적 사고력을 기르는 경험을 하게 된다.

★ "미분과 적분을 활용한 교통 최적화" (고등학교 수학)

등교길, 빨간 신호등 앞에서 3분을 기다리며 한 학생이 문득 이런 생각을 한다.

"왜 어떤 신호등은 빨리 바뀌고, 어떤 신호등은 한참을 기다려야 할까?"

❶ AI 기반 탐구: 학생들은 AI에게 "신호등 간격을 최적화하는 방법"을 질문하고, 교통 흐름 분석에 미분과 적분이 어떻게 활용되는지 알아본다.

❷ 데이터 수집 및 분석: 특정 구간에서 차량 속도와 대기 시간을 측정하고, 미분을 활용해 변화율을 계산하며 적분을 이용해 누적 대기 시간을 분석한다.

❸ 해결책 검증: AI 기반 교통 시뮬레이션을 통해 학생들이 설정한 신호등 간격이 실제로 효과적인지 검증한다.

❹ 최종 발표: 분석 결과를 바탕으로 "도심 교통 최적화 정책 제안서"를 작성하고 발표한다.

→ 이 과정에서 학생들은 어렵다는 선입견으로 접근하기 힘들던 미분과 적분을 활용한 실생활 문제 해결을 경험하고, AI와 협력하여 데이터를 분석하고 최적의 해결책을 도출하는 과정을 익히게 된다.

2. AI와 결합한 PhBL: 다학문적 접근을 통한 사고 확장

어느 순간부터 '복잡계'라는 단어가 자주 들리기 시작했다. 이는 세상을 단편적으로 바라볼 수 없다는 인식이 점점 확산되고 있다는 뜻이기도 하다. 경제, 정치, 외교, 사회문화, 인문학, 교육 등 모든 분야는 복잡하게 얽혀 있으며, 서로 간섭하고 영향을 주고받는다. 하나의 문제를 해결하기 위해서는 단순히 한 분야의 지식만으로 접근해서는 안 되며, 다양한 관점에서 현상을 바라볼 줄 아는 능력이 필수적인 시대가 되었다. 이제는 단순한 지식 습득이 아니라, 이러한 복잡한 관계 속에서 정보를 조합하고 해석하며, 창의적인 해결책을 찾아내는 것이 더욱 중요한 능력으로 요구되고 있다.

이러한 사고방식은 교육에서도 반영될 필요가 있다. 현상 기반 학습 (PhBL)은 단일 교과목이 아니라, 하나의 현상을 중심으로 다학문적 접근을 하는 방식이다. 예를 들어, "자율주행차가 보편화되면 우리 사회는 어떻게 변화할까?"라는 질문을 던졌을 때, AI를 활용하면 보다 다양한 시각에서 탐구할 수 있다.

우선 경제적 측면에서 자율주행차가 가져올 영향을 분석할 때, 학생들은 AI를 활용하여 과거 산업 혁신 사례를 참고하고, 이를 바탕으로 미래의 변화를 예측해볼 수 있다. AI가 제공하는 데이터를 분석한 후, 자율주행차가 자동차 산업뿐만 아니라 대중교통, 물류 시스템에 미칠 영향을 토론하며, 기술 발전이 어떻게 경제적 변화를 유발하는지를 종합적으로 이해하게 된다.

또한, 윤리적 문제도 중요한 탐구 주제가 된다. 예를 들어, 자율주행차가 사고를 일으켰을 때, 책임 소재를 어떻게 규정해야 하는지에 대한 법적 논쟁은 여전히 해결되지 않은 문제다. AI를 활용하면 각국의 법적 대응 사례를 조사할 수 있으며, 이를 바탕으로 학생들은 "운전자가 없는 사고의 법적 책임을 어떻게 정할 것인가?"라는 논제를 중심으로 토론을 진행할 수 있다.

기술적 측면에서도 AI는 학생들의 탐구를 돕는다. 자율주행차가 완전히 보편화되기 위해서는 센서 기술, AI 기반 주행 알고리즘, 5G 통신 기술 등 여러 요소가 필수적이다. AI는 이러한 핵심 기술을 정리해주고, 학생들은 이를 바탕으로 "현재 가장 해결하기 어려운 기술적 문제는 무엇인가?"라는 질문을 던지며 해결 방안을 고민하게 된다.

하지만 중요한 것은 AI가 제공하는 정보를 무조건 신뢰하는 것이 아니라, 이를 비판적으로 검토하고 다양한 출처에서 추가 조사를 진행하는 습관을 들이는 것이다. 교사는 학생들이 AI의 답변을 단순히 받아들이는 것이 아니라, "AI가 답할 수 없는 문제는 무엇인가?"라는 질문을 스스로 던지게 함으로써, AI를 활용하는 능력뿐만 아니라 AI를 비판적으로 사고하는 능력까지 기를 수 있도록 지도해야 한다.

결국, 우리는 복잡하게 얽힌 세상을 살아가며, 단순히 한 분야의 지식을 습득하는 것을 넘어 다양한 관점에서 문제를 바라보고, 스스로 탐구하고 해결하는 능력을 길러야 한다. AI와 결합한 PhBL은 이러한 학습을 가능하게 하며, 학생들이 단순한 암기를 넘어 다학문적 사고를 기반으로 한 문제 해결 능력을 갖출 수 있도록 돕는다. 세상을 바라보는 시각이 넓어질수록, 학생들은 더욱 주도적으로 사고하고 창의적인 해결책을 찾아갈 것이다.

AI와 결합한 PhBL 수업 예시

★ "우리 마을의 변천사, 과거와 현재 그리고 미래" (초등학교 사회·과학·
   미술 융합 수업)

어느 날, 가족과 함께 동네를 산책하던 한 초등학생이 문득 궁금해졌다.
"우리 마을은 옛날에는 어떤 모습이었을까? 앞으로는 어떻게 변할까?"
이 질문에서 출발한 프로젝트는 우리 마을의 과거, 현재, 미래를 탐구하
는 과정으로 이어진다.

❶ AI와 함께 역사 탐구하기 (사회·과학)

학생들은 AI에게 "우리 지역의 역사적 변화"를 질문하고, 마을의 옛 모습
과 현재의 변화를 조사한다. 또한 지역의 자연환경과 개발 과정이 어떻게
변화했는지 위성사진, 옛날 지도 등을 분석한다.

❷ 마을 변천사 그리기 (미술·역사)

학생들은 마을의 과거와 현재 모습을 그림이나 디지털 도구를 활용해 표
현하고, 미래의 모습을 상상하여 그려본다.

❸ 마을 발전 계획 발표하기 (사회·창의적 문제 해결)

"우리 마을을 더 살기 좋은 곳으로 만들려면?"이라는 질문을 던지고, 팀
별로 미래 마을 발전 계획을 세운다. 환경 보호, 교통 개선, 생활 편의시설
확충 등 다양한 측면에서 해결책을 제안하고, 이를 AI가 제공하는 데이터
를 바탕으로 보완한다.

➡ 이 과정에서 학생들은 역사, 환경, 사회적 요소를 융합적으로 탐구
   하고, 창의적으로 미래를 설계하는 경험을 하게 된다.

★ "기후 변화와 우리의 역할" (중학교 과학·사회·경제 융합 수업)

뉴스에서 이상기후로 인한 홍수 피해 소식을 접한 학생이 의문을 가진다. "기후 변화가 우리 생활에 어떤 영향을 미칠까? 우리가 할 수 있는 일은 없을까?"

이 질문에서 출발한 프로젝트는 기후 변화가 경제, 사회, 환경에 미치는 영향을 탐구하는 과정으로 이어진다.

❶ AI와 함께 기후 변화 분석 (과학·환경)

학생들은 AI에게 "기후 변화의 주요 원인과 현황"을 질문하고, 탄소 배출 증가와 기온 변화 데이터를 분석한다. AI를 활용해 지구 평균 기온 상승이 농업, 생태계, 인간 생활에 미치는 영향을 연구한다.

❷ 경제적 영향 탐구 (경제·사회)

AI와 함께 "기후 변화로 인해 경제가 어떻게 변하는가?"를 분석한다. 자연재해로 인한 피해 비용, 친환경 산업과 전통 산업의 변화, 신재생 에너지 시장 등에 대한 데이터를 찾아보고 토론한다.

❸ 지속 가능한 해결책 찾기 (환경·정책·창의적 문제 해결)

"우리 지역에서 탄소 배출을 줄이는 방법은?"이라는 질문을 설정하고, 실제로 실행 가능한 친환경 정책을 설계한다. 또한 AI를 활용해 다른 나라의 환경 정책을 비교하고, 이를 우리나라 실정에 맞게 적용하는 방법을 고민한다.

❹ 정책 제안 및 캠페인 기획 (사회·창의적 사고)

학생들은 자신들이 설계한 친환경 정책을 영상, 포스터, 또는 온라인 캠페인 형태로 제작하여 발표한다.

→ 이 과정에서 학생들은 과학적 데이터 해석, 경제적 분석, 정책적 사고를 융합적으로 탐구하며, 기후 변화 문제를 다각적으로 바라보는 경험을 하게 된다.

★ "AI와 미중 패권전쟁: 역사 속 기술 패권 경쟁과 미래의 변화"

　(고등학교 정치·경제·역사·과학 융합 수업)

뉴스에서 미국과 중국이 AI 패권을 두고 경쟁한다는 기사를 본 한 학생이
문득 궁금해졌다.

"과거에도 기술이 패권을 결정한 적이 있었을까?"

이 질문에서 출발한 프로젝트는 AI 기술이 국제정치, 경제, 군사, 그리고
역사적 패권 경쟁에서 어떤 역할을 했고, 앞으로 어떤 변화를 가져올지
탐구하는 과정으로 이어진다.

❶ 역사 속 패권 이동 분석 (역사·국제관계·경제)

AI를 활용해 "산업혁명이 영국에서 미국으로 패권을 이동시킨 과정",
"소련의 스푸트니크 쇼크가 미국의 과학기술 패권을 강화한 과정"을 분
석한다. "과거의 기술 패권 경쟁과 현재 AI 패권 경쟁의 유사점과 차이점
은?"을 토론한다.

❷ 현재 AI 패권 경쟁 분석 (정치·경제·기술·사회)

AI 데이터를 활용해 미중 AI 연구 투자 규모, 특허 현황, 반도체 기술 경
쟁을 비교 분석한다. "AI 패권이 군사력, 감시 기술, 경제 제재 등에 미치
는 영향"을 탐구하고 토론한다.

❸ 미래 AI 패권 시나리오 설계 (정책·미래 전략 분석)

"향후 10년 내 AI 패권이 어떻게 변화할 것인가?"를 주제로 시나리오
별 결과를 분석한다. "한국은 AI 패권 경쟁에서 어떤 전략을 취해야 하는
가?"를 고민하며 정책 제안을 작성한다.

❹ 최종 발표 및 토론

"미국이 AI 패권을 유지하는 시나리오", "중국이 AI 패권을 장악하는 시
나리오", "새로운 국가가 패권을 가져가는 시나리오"를 팀별로 분석하고

발표한다. "AI 기술 발전이 국제사회에 미칠 윤리적 문제"에 대한 찬반 토론을 진행한다.

→ 이 과정에서 학생들은 과거-현재-미래를 아우르는 기술 패권의 변화를 탐구하며, 데이터 기반 사고력과 정책적 사고력을 기르는 경험을 하게 된다.

3. AI를 활용한 PBL·PhBL 교육, 무엇이 달라질까?

기존의 PBL과 PhBL 방식과 비교했을 때, AI를 활용하면 학습 과정이 더욱 깊이 있는 탐구로 발전할 수 있다. 기존에는 학생들이 교사나 인터넷 검색에 의존해야 했던 정보 탐색 과정이, 이제는 AI의 도움을 받아 더욱 빠르고 정확하게 이루어진다. 또한, AI는 단순한 정보 제공을 넘어, 학생들이 새로운 해결책을 도출할 수 있도록 돕는 역할을 한다.

이러한 변화 속에서 교사들은 적절한 난이도의 프로젝트 주제를 제공하고 프로젝트가 끝날 때까지 학생의 가이드 역할을 하며 올바른 방향으로 학습되도록 유도한다. 학생들은 단순한 정보 암기를 넘어, 비판적으로 사고하고 창의적인 해결책을 제시하는 능력을 기르게 된다. 더 나아가, AI와 협력하는 경험을 통해 미래 사회에서 필수적으로 요구될 디지털 리터러시와 문제 해결 능력을 갖추게 된다.

AI와 개념기반 탐구학습: 학습의 새로운 패러다임

개념기반 탐구학습(Concept-Based Inquiry Learning, CBIL)은 단순한 암기식 교육이 아니라, 학생들이 핵심 개념을 깊이 이해하고 이를 다양한 맥락에서 적용할 수 있도록 돕는 학습 방식이다. 특히, AI(LLM)를 활용하면 개념기반 탐구학습을 더욱 효과적으로 구현할 수 있다.

필자는 과거 한 중학교에서 근무할 때 과학적 개념을 보다 실생활과 연결하기 위해, 운동 종목과 연계한 논술형 평가 문제를 자주 출제하곤 했다. 예를 들어, "충격량(Impulse)[14] " 개념을 물리적으로 설명한 후, 이를 스포츠와 일상생활에서 어떻게 활용할 수 있는지를 서술하도록 유도했다. 학생들은 충격량 공식이 단순한 수식이 아니라, 날아오는 축구공을 부드럽게 받는 방법(일명 순두부 트래핑)부터 시작해서, 야구에서 배트를 강하게 휘두르는 방법, 불이 났을 때 2층에서 보다 안전하게 뛰어 착지하는 방법, 자동차의 에어백 시스템과 같은 실제 사례에서 어떻게 작용하는지를 탐구하면서, 맥락을 이해하며 과학 개념을 보다 깊이 적용하게 되었다.

이러한 개념기반 탐구학습을 AI와 결합하면 학습의 효과는 더욱 커질 수 있다. 이를 활용하면 학생들이 단순히 교사의 설명을 듣는 것이 아니

---

14) 충격량(Impulse): 충격의 정도를 나타내는 물리량으로 물리학에서 충격량(Impulse)은 물체에 작용한 힘(force)과 작용한 시간(time)의 곱으로 정의되며, 운동량(momentum)의 변화와 직결된다. 수식으로는 $I=F \cdot \Delta t$로 표현된다. 예를 들어, 축구 선수가 공을 받을 때 발을 부드럽게 뒤로 빼면 작용하는 시간이 증가하면서 힘을 분산시켜 더 부드럽게 공을 컨트롤할 수 있다.

라, AI에게 직접 질문을 던지고, 다양한 맥락에서 개념을 탐구하며, 실시간으로 피드백을 받는 방식으로 학습이 가능해진다.

1. AI와 충격량 개념 탐구하기

예를 들어, 학생이 챗GPT나 구글의 Gemini 같은 LLM에 "충격량을 줄이려면 어떤 방법이 있을까?"라고 질문하면, AI는 자동차 에어백, 태권도에서 타격 후 힘을 분산시키는 기술, 축구에서 골키퍼가 공을 잡을 때 충격을 줄이는 방법 등을 다양한 사례로 설명해준다. 학생들은 이를 바탕으로 "충격량이 작은 운동과 큰 운동의 차이는 무엇인가?", "충격량을 활용하면 더 안전한 스포츠 장비를 만들 수 있을까?"와 같은 심화 질문을 스스로 설정하며 탐구를 확장할 수 있다.

2. PBL과 연결: "충격량을 줄이는 스포츠 장비 설계하기"

학생들에게 "더 안전한 축구 보호 장비를 설계해보자"라는 프로젝트를 제시한 후, AI를 활용해 다양한 자료를 조사하도록 하면, 학습자들은 충격량 개념을 기반으로 문제 해결 과정을 경험할 수 있다. AI는 충격을 분산시키는 소재, 기존 스포츠 장비의 설계 원리, 최신 연구 논문 등의 정보를 제공하며, 학생들은 이를 바탕으로 창의적인 해결책을 도출할 수 있다.

3. PhBL과 연결: "충격량과 사회적 이슈 탐구하기"

충격량 개념을 단순히 물리학에서 배우는 것이 아니라, 다양한 현상과 연결하는 방식으로도 탐구할 수 있다. 예를 들어, "교통사고 시 충격을 최소화하는 방법은?"이라는 질문을 던지면, 학생들은 물리학(충격량과 힘), 공학(자동차 안전 기술), 윤리학(보행자 보호 정책) 등 여러 분야를 결합해 탐구할 수 있다. AI는 이 과정에서 교통 사고 데이터, 안전 기술 발전 과정, 정책적 접근 방식 등을 제공하며, 학생들이 보다 넓은 시각에서 문제를 바라볼 수 있도록 돕는다.

이처럼 LLM을 활용한 개념기반 탐구학습은 단순한 정보 습득을 넘어, 학생들이 탐구, 실험, 분석, 창의적 문제 해결 능력을 키울 수 있도록 돕는다. 기존의 교실 수업에서는 교사가 일일이 개별 맞춤형 피드백을 제공하기 어렵지만, AI는 학생들이 필요할 때 언제든지 질문하고 답을 얻을 수 있는 학습 환경을 제공할 수 있다. 미래 교육은 AI를 단순한 도구가 아닌, 학습을 확장하는 협력자로 활용하는 방향으로 변화해야 한다.

AI와 플립러닝: 교실을 바꾸는 새로운 학습 방식

전통적인 교육 방식에서는 교사가 수업 시간에 개념을 설명하고 학생들은 이를 받아 적은 뒤, 숙제로 문제를 풀며 개념을 익히는 것이 일반적이었다. 그러나 이런 수업 방식은 학생들이 수업 시간 동안 수동적으로 정보를 받아들이는 데 그치고, 실제로 사고하고 탐구할 기회가 부족하다는 한계를 가지고 있었다. 플립러닝(Flipped Learning)은 이러한 문제를 해결하기 위해 수업 전 예습을 강화하고, 본 수업에서는 토론과 문제 해결 중심으로 학습이 이루어지도록 설계된 방식이다. 특히, AI를 활용하면 학습 과정이 더욱 심화되고 개별화될 수 있어 학생들의 능동적인 탐구를 촉진할 수 있다.

1. 역사 수업에서의 플립러닝 + AI 활용

역사는 단순히 연도를 외우는 학문이 아니라, 시대적 변화의 흐름을 이해하는 과정이 중요하다. 하지만 전통적인 역사 교육에서는 학생들이 산업혁명이나 갑오개혁과 같은 중요한 사건을 개별적으로 암기하는 데 초점이 맞춰져 있었다. 그러나 플립러닝과 AI를 결합하면, 학생들은 시대적 흐름을 맥락적으로 이해하는 방식으로 학습할 수 있다.

예를 들어, "산업혁명이 가져온 교통혁명의 변화"를 주제로 학습한다고 가정해 보자.

수업 전, 교사는 AI를 활용해 학생들에게 "증기기관의 발명이 왜 중요한가?", "산업혁명이 교통수단에 어떤 영향을 미쳤는가?" 등의 질문을 던진다. 학생들은 AI를 활용해 증기기관의 발전 과정을 조사하면서, 제임스 와트의 증기기관 개량 → 증기기관차(조지 스티븐슨) → 증기선(로버트 풀턴) → 내연기관과 자동차(헨리 포드) → 항공기(라이트 형제) → 로켓(스푸트니크, 아폴로 계획)으로 이어지는 시대적 흐름을 스스로 탐구할 수 있다.

이 과정에서 학생들은 산업혁명의 변화가 "기술 혁신 → 생산성 증가 → 교통혁명 → 경제·사회 변화 → 글로벌 패권 전쟁"으로 이어지는 연결고리를 이해하게 된다. 수업 시간에는 이러한 흐름을 바탕으로 팀별 토론을 진행하며, "21세기 기술혁명(AI, 반도체, 자율주행 등)은 과거 산업혁명과 어떤 공통점과 차이점이 있는가?" 등의 주제를 두고 사고를 확장할 수 있다. 이를 통해 학생들은 역사를 단순한 사건의 나열이 아닌, 시대적 배경과 기술 발전이 어떻게 연결되었는지를 탐구하는 학문으로 받아들이게 된다.

2. 체육 수업에서의 플립러닝 + AI 활용

체육 수업에서 과학적 지식을 교육할 때 역시 개념을 암기하는 것에서 벗어나, 학생들이 직접 경험하고 탐구할 수 있도록 설계될 필요가 있다. 필자는 작년에 고등학교 1학년 수행평가로 "운동을 통한 내 몸 향상시키기"라는 프로젝트 수업을 운영한 경험이 있다. 단순히 근력 운동과 유산소 운동의 차이를 설명하는 것이 아니라, 학생들이 자신의 신체 상태를 분석하고 "나는 어떤 몸을 만들고 싶은가?"라는 질문을 던지며, 이를 이루기 위해 적절한 운동 방법과 생리학적 원리를 탐구하는 방식이었다.

수업 전, 학생들은 AI를 활용해 근력 운동과 유산소 운동이 신체에 미치는 영향을 생리학적으로 조사하고, AI 기반 시뮬레이션을 통해 운동 강도, 운동 시간, 운동 빈도 등과 신체 변화의 관계를 분석하는 과정을 거쳤다. 예를 들어, "근력 운동을 하면 근육량이 증가하는 이유는 무엇인가?", "유산소 운동이 지방 연소에 효과적인 이유는?" 등의 질문을 AI에게 던지며 생리학적 개념을 학습할 수 있었다.

본 수업에서는 근력 운동과 유산소 운동의 생리학적 차이를 팀별로 분석하고 토론하는 활동을 진행했다. 학생들은 "근력 운동과 유산소 운동을 병행할 때, 최적의 운동 강도와 빈도는 무엇인가?"라는 주제로 자신의 운동 계획을 수립하고, 이를 실제로 6주 동안 실천하며 데이터를 기록했다. 이후 결과를 발표하며, 각자의 운동 방식이 신체에 미친 영향을 분석하고 피드백을 주고받았다. AI는 학생들이 개별적으로 기록한 데이터를 바탕으로 신체 변화의 패턴을 분석해주며, 학습을 더욱 심화하는 역할을 수행했다.

이러한 방식은 단순한 암기식 학습에서 벗어나, 학생들이 자신의 신체 변화라는 실질적인 목표를 설정하고, 이를 이루기 위한 지식을 탐구하는 방식으로 학습을 진행할 수 있도록 한다. 또한, 과학 개념이 단순한 교과 내용이 아니라 자신의 삶과 연결된 실용적 지식이라는 점을 경험하게 되면서 학습 동기가 자연스럽게 향상된다.

3. 플립러닝과 AI를 결합한 교육의 변화

AI와 플립러닝을 결합하면, 학생들은 단순히 교사의 설명을 듣고 암기하는 것이 아니라, 수업 전 AI를 활용해 개념을 탐구하고, 본 수업에서는 이를 바탕으로 심화 토론과 문제 해결을 진행하는 방식으로 학습이 이루어진다. 이를 통해 학생들은 자신이 직접 학습을 주도하는 능동적 학습자로 성장하게 된다.

역사 수업에서는 산업혁명의 기술 발전이 어떻게 연결되었는지 탐구하고, 이를 현재 AI·반도체 혁신과 비교하며 사고를 확장할 수 있다. 과학 수업에서는 개인의 신체 변화라는 실제 목표를 설정하고, 이를 이루기 위해 AI와 협업하며 생리학적 개념을 탐구하는 경험을 쌓을 수 있다.

이러한 변화는 단순한 정보 습득을 넘어, 학생들이 스스로 학습 목표를 설정하고, 문제를 정의하며, 해결책을 탐구하는 교육 환경을 조성하는 데 기여할 것이다. 플립러닝과 AI를 접목한 교육이 확산된다면, 학생들은 암기가 아닌 탐구를 통해 배우고, 학습 자체를 하나의 도전 과제로 받아들이는 몰입 경험을 하게 될 것이다.

"정답을 외우지 말고, 질문을 던져라"

기존의 교육 방식은 정답을 맞히는 것을 목표로 삼았다. 하지만 AI 시대에는 올바른 질문을 던질 줄 아는 능력이 더욱 중요해진다. AI는 방대한 정보를 제공할 수 있지만, 어떤 질문을 던지느냐에 따라 답변의 질이 달라진다. 따라서 단순한 암기가 아니라, 문제를 분석하고 본질적인 질문을 제기하는 능력을 키워야 한다.

실제로 구글의 전 CEO 에릭 슈미트(Eric Schmidt)는 "미래에는 올바른 질문을 던질 줄 아는 사람이 경쟁력을 갖출 것"이라고 말했다. AI는 정보를 정리하고 요약하는 데 뛰어나지만, 창의적인 사고와 새로운 관점을 제시하는 것은 여전히 인간의 역할이다.

AI를 활용한 학습에서도 마찬가지다. 단순히 "1차 세계대전은 언제 시작되었는가?" 같은 사실 확인형 질문이 아니라, "1차 세계대전이 지금 발생한다면, 전쟁의 양상은 어떻게 달라질까?" 같은 질문을 던지는 방식으로 사고의 깊이를 확장해야 한다.

교사는 적절한 난이도 조절과 방향성을 제공하는 조력자가 되고, 학습은 이제 학생들에게 정답을 제공하는 것이 아니라, 스스로 질문을 던지고 탐구할 수 있도록 이끌어야 한다.

AI를 활용한 교육 혁신, 선택이 아닌 필수다

AI 시대에 경쟁력을 갖추기 위해서는, AI를 적절히 활용할 수 있는 능력이 필수적이다. 단순히 AI가 제공하는 정보를 수동적으로 받아들이는 것이 아니라, AI를 통해 더 깊이 있는 탐구를 하고, 토론을 거치며 비판적 생각을 토대로 창의적인 해결책을 도출할 수 있어야 한다.

PBL, PhBL과 AI를 결합한 교육 방식은 학생들이 실제 문제를 해결하는 과정에서 학습의 의미를 찾도록 돕고, 몰입 경험을 극대화할 수 있는 강력한 도구가 될 것이다. AI를 단순한 검색 도구가 아니라, 질문을 던지고 문제를 해결하는 파트너로 활용하는 법을 배워야 한다.

AI 리터러시가 부족한 사회는 점점 더 기술 격차에 시달릴 것이며, 산업 경쟁력도 떨어질 수밖에 없다. 이제 교육이 나아가야 할 방향은 분명하다. AI를 활용할 줄 아는 인재를 키우는 것. 그렇지 않다면, 미래의 노동 시장에서도, 교육에서도 우리는 AI를 제대로 활용하는 국가들에 뒤처질 수밖에 없을 것이다.

AI 시대, 탐구력과 문제해결력을 높이는 새로운 도구는 무엇일까?

우리는 이미 AI가 학습을 지원하는 방식에 대해 논의했다. 하지만 AI가 교육에서 더 깊은 탐구력과 문제해결력을 길러주기 위해, 기존의 학습 방식과 결합할 새로운 도구나 접근법은 없을까? 이를 고민하며 몇 가지 아이디어를 탐색해보자.

❶ 게임 기반 학습(Gamification)과 AI의 결합

게임 기반 학습은 이미 교육에서 강력한 동기 부여 도구로 활용되고 있다. 여기에 AI를 접목한다면, 학생 개개인의 학습 스타일과 진도를 반영한 맞춤형 학습이 가능해질 것이다. 예를 들어, AI가 학생의 문제 해결 방식과 오류 패턴을 분석해 맞춤형 문제를 생성하거나, AI 기반 시뮬레이션 게임을 통해 역사적 사건을 직접 경험하고 전략을 세우게 한다면, 탐구력을 더욱 효과적으로 기를 수 있을 것이다.

❷ AI를 활용한 역할극(Role-Playing) 학습

AI 챗봇과 상호작용하는 방식으로 역사 속 인물이 되어보거나, 가상의 기업을 운영하는 시뮬레이션을 진행하는 방식도 고려할 수 있다. 예를 들어, "나는 2050년의 도시 설계자이다. 지속 가능한 에너지를 기반으로 한 도시를 설계해야 한다."라는 역할을 AI와 함께 수행하며, 다양한 데이터와 사례를 분석하고 해결책을 찾아가는 과정에서 실제 문제 해결력을 기를 수 있을 것이다.

③ **디지털 트윈(Digital Twin)과 AI를 활용한 실험적 학습**

디지털 트윈 기술을 교육에 도입하면, 학생들이 가상의 환경에서 실험하고 분석할 수 있는 기회를 제공할 수 있다. 예를 들어, AI를 이용한 가상 실험실에서 화학 반응을 시뮬레이션하거나, AI 기반 경제모델을 통해 가상의 국가를 운영해보는 방식으로 문제 해결력을 높일 수 있다.

④ **AI와 연계된 협력적 문제 해결 플랫폼**

학생들이 AI와 협력하여 문제를 해결하는 온라인 플랫폼을 구축할 수도 있다. 예를 들어, AI는 환경 문제나 사회적 갈등 같은 복잡한 주제를 제공하고, 학생들은 팀을 구성해 AI의 분석을 기반으로 해결책을 논의하며 실행하는 프로젝트를 진행할 수 있다.

이처럼 AI를 활용한 교육 혁신은 단순한 정보 전달을 넘어, 학생들이 직접 문제를 정의하고 해결하며 사고하는 방식을 변화시킬 수 있다. 이제 여러분은 어떻게 생각하는가? 기존의 교육 방식을 뛰어넘어, AI를 활용한 새로운 학습 도구와 방법론이 더 있을까? AI 시대에 탐구력과 문제 해결력을 더욱 효과적으로 키울 수 있는 방법을 고민해보자.

9장

의대 쏠림을 막고, STEM 인재를 키우는 방법

의대지상주의, 왜 이토록 심각한가?

최근, 필자는 '추적 60분'의 한 다큐멘터리를 보게 되었다. 제목은 '7세 고시-누구를 위한 시험인가'. 단어만 들어도 충격적인 느낌이 들었는데, 실제 내용을 보니 상상을 초월했다.

카메라는 7살짜리 아이가 학원 입학 시험을 준비하는 모습을 비췄다. 사교육 시장에서는 이제 유치원 입학 전부터 경쟁이 시작되고 있었다. 한 아이에게 어떤 꿈을 가지고 있느냐고 물었을 때, 아이는 주저 없이 대답했다.

"저는 의사가 될 거예요."

같은 질문을 받은 다른 아이도, 또 다른 아이도, 모두 비슷한 대답을 했다. 아이들은 이미 '의대 진학'이 성공적인 인생을 위한 유일한 길이라는 믿음을 강요받고 있었다. 부모들은 최고의 사교육을 제공하기 위해 치열한 경쟁을 벌였고, 아이들은 초등학교 입학도 하기 전에 학원과 과외를 전전하며 주입식 학습에 내몰렸다.

이 모습을 보며 필자는 한 가지 의문이 들었다. 어린 아이들의 뇌가 과연 이런 과도한 학습을 다 소화할 수 있을까? 인간의 뇌에는 성장 단계에 따른 발달 과정이 있다. 단순히 더 많은 지식을 욱여넣는다고 해서 더 뛰어난 인재가 탄생하는 것은 아니다. 오히려 지나친 학습 부담은 장기적으로 번아웃과 학습 흥미 상실을 초래할 가능성이 크다. 게다가, 앞으로의 교육 방향은 이미 빠르게 변화하고 있다. 이 책에서 설명한 것처럼, 미래 교육은 창의적 문제 해결 능력과 AI 활용 능력을 필수 역량으로 요구한다. 하지만 지금의 교육 방식이 변하지 않는다면, 과연 우리 아이들은 미래 사회에서 경쟁력을 가질 수 있을까?

현재 대한민국의 교육 시스템은 '의대지상주의'에 완전히 갇혀 있다. 학생들은 자신의 적성과 관심사보다 안정적인 직업과 높은 소득을 이유로 의대 진학을 최우선 목표로 삼는다. 과거에는 서울대 물리학과나 공대에서 연구자의 꿈을 꾸던 최상위권 학생들이 많았다. 하지만 이제는 최상위권 학생들조차도 연구보다는 의대를 선택하는 것이 '가장 현명한 선택'처럼 여겨진다.

필자가 근무하는 학교에서도 고등학교 2학년까지는 의대를 목표로 하던 최상위권 학생들이, 고3이 되면서 성적에 따라 전공을 선택하는 '맞춤 진학⑺'이 당연한 흐름이 되어버렸다. 2학년 때까지는 모두가 의사를 꿈꾸지만, 성적에 따라 치대, 한의대, 약대, 그리고 공대 순으로 진로가 정해진다. 마치 학생들의 미래가 대입 점수에 의해 기계적으로 배정되는 것처럼 보인다.

이러한 쏠림 현상은 단순한 개인의 선택이 아니다. 사회 구조가 만들어낸 결과다. 안정적인 소득과 직업 보장이 특정 직종에 집중되어 있고, 연구 환경이 열악한 STEM 분야는 점점 기피 대상이 되고 있다. 이에 따라, 대한민국의 미래 산업 경쟁력도 위협받고 있다.

그렇다면, 2025년부터 시행될 고교 학점제가 이러한 흐름을 바꿀 수 있을까?

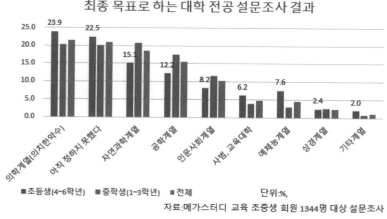

최종 목표로 하는 대학 전공 설문조사 결과

■초등생(4~6학년)　■중학생(1~3학년)　■전체　　　단위:%,

자료:메가스터디 교육 초중생 회원 1344명 대상 설문조사

〈초등학생 4명 중 1명꼴 '의대 입시' 준비〉

고교 학점제, 변화하지 않는다면 '의대 맞춤형'이 될 뿐이다

고교 학점제는 학생들이 자신의 적성과 관심에 따라 수업을 선택할 수 있도록 설계된 제도다. 2025년부터 우리나라 모든 고등학교에 전면시행이 될 예정인데, 말 그대로 진로에 따라 다양한 과목을 선택, 이수하고 대학처럼 누적 학점이 기준에 도달할 경우 졸업을 인정받는 제도이다. 기존의 일괄적인 교과목 이수 방식에서 벗어나, 학생들이 원하는 과목을 선택하여 더 깊이 있는 학습을 할 수 있는 길을 연다. 이상적으로는, STEM 분야에 관심 있는 학생들이 첨단 기술과 관련된 고급 과목을 선택해 심화 학습을 진행할 수 있을 것이다.

하지만 지금의 사회적 분위기가 바뀌지 않는다면, 고교 학점제 역시 '의대 맞춤형 전략'으로 변질될 가능성이 높다.

이미 많은 학부모들은 학점제 시행을 앞두고 "어떤 과목을 선택해야 의대 입시에 유리할까?"를 고민하고 있다. 학생들도 자신이 정말 좋아하는 과목보다는 입시에 유리한 조합을 중심으로 과목을 선택하고 있다. STEM 관련 과목이 다양하게 개설된다고 해도, 대입 평가에서 중요하게 다루어지지 않는다면 학생들은 굳이 선택하지 않을 것이다.

결국, 고교 학점제가 단순한 '선택권' 제공에 그친다면, 대부분의 학생들은 의대 진학에 유리한 과목을 중심으로 선택할 것이고, 그 외의 과목들은 사장될 가능성이 높다.

고교 학점제가 의대 입시 전략 도구로 전락하지 않으려면, 단순히 선택권을 주는 것만으로는 부족하다. STEM 분야의 매력을 높이고, 국가적으로 필요로 하는 인재상을 반영한 평가 시스템을 구축해야 한다.

첫째, STEM 분야를 선택한 학생들에게 실질적인 인센티브가 주어져야 한다.

현재 대입에서는 STEM 과목을 심화 학습한 학생들에게 별다른 혜택이 없다. 대학들은 "어떤 과목을 선택했는가"보다는 "어떤 성적을 받았는가"에 집중한다. 하지만 해외 선진국의 사례를 보면, STEM 관련 과목을 수강한 학생들에게 추가 가산점을 부여하거나, 연구 프로젝트 경험을 중요한 평가 요소로 삼는 방식이 도입되어 있다. 우리도 이러한 평가 시스템을 고려할 필요가 있다.

둘째, 고교 학점제는 '진짜 배움'을 위한 제도가 되어야 한다.

고교 학점제가 성공하려면, 학생들이 선택한 과목을 단순한 입시 전략이 아니라, 자신의 진로 탐색과 연결할 수 있어야 한다. 예를 들어, AI나 반도체, 바이오 분야에 관심 있는 학생들이 관련 과목을 선택할 경우, 대학 입시에서도 이를 반영할 수 있도록 해야 한다.

셋째, STEM 분야에 대한 사회적 인식 변화가 필요하다.

현재 한국 사회에서는 의사, 변호사 같은 직업이 최고로 여겨지고, 공학이나 기초과학 분야는 상대적으로 저평가받고 있다. 하지만 글로벌 산업 트렌드를 보면, AI 엔지니어, 반도체 설계자, 우주항공 전문가 등 STEM 분야 직업이 점점 더 중요해지고 있다. 이러한 변화가 교육에도 반영되어야 한다.

지금처럼 '의대가 답'이라는 사회적 분위기가 지속된다면, 고교 학점제도 결국 학생들에게 더 정교한 입시 전략을 짜는 도구로 쓰일 가능성이 크다. 그렇게 되면, 새로운 교육 제도가 도입되어도 결과는 달라지지 않을 것이다.

하지만 지금이라도 변화를 선택한다면, 우리는 고교 학점제를 진정한 '맞춤형 배움의 장'으로 만들 수 있다. 단순히 학생들에게 선택권을 주는 것이 아니라, 그 선택이 의미 있고, 미래 사회에 필요한 인재를 키울 수 있도록 만들어야 한다.

만약 그러지 못한다면?

지금과 다를 바 없는 교육 환경 속에서, 우리는 여전히 같은 고민을 반복하게 될 것이다.

첨단 기술 인재 양성을 위한 국가 전략

반도체, AI, 로봇, 바이오 등의 첨단 기술은 미래 국가 경쟁력을 좌우하는 핵심 산업 기술이다. 미국과 중국은 반도체 패권을 두고 전쟁을 벌이고 있으며, AI 기술을 확보하기 위해 천문학적인 투자를 하고 있다. 일본과 대만도 첨단 제조업과 반도체 분야에서 인재 확보에 총력을 기울이고 있다. 하지만 우리는 이들 국가와 비교해 STEM 인재 양성을 위한 국가적 지원이 부족하고, 학생들이 자연스럽게 이공계로 유입될 수 있는 환경도 제대로 조성되지 않았다.

국가 경쟁력을 유지하려면, 최상위권 학생들이 자연스럽게 STEM 분야로 유입될 수 있도록 적극적인 지원이 필요하다. 단순히 "과학이 중요하다"고 강조하는 것이 아니라, 실질적인 연구 지원과 산업 연계를 강화하는 구조적인 변화가 필요하다. 산업 맞춤형 교육과 연구 프로젝트를 대학과 기업이 공동으로 운영하고, STEM 전공 학생들에게 실무 경험을 제공할 수 있도록 기업 인턴십과 산학 협력을 강화해야 한다.

또한, 정부 차원의 STEM 인재 유출 방지 정책도 시급하다. 현재 한국에서 배운 인재들이 더 나은 대우를 찾아 해외로 유출되는 사례가 늘어나고 있다. 앞에서도 언급했듯이 중국의 반도체, 배터리 등의 기업에서는 한국어가 들릴 정도로 많은 한국 엔지니어들이 근무하고 있다. 반도체, 배터리, AI 등의 첨단 기술 분야에서 일할 우수한 인재들이 국내에서 지속적으로 연구하고 산업에 기여할 수 있도록, 국가 차원의 장기적인 인재 유치 전략이 필요하다.

STEM 전공자들에게 실질적인 경제적 인센티브가 필요하다

얼마 전, 필자는 한 대학 졸업 예정자를 만났다. 10년도 넘은 제자로 한 중학교에 근무할 때 필자가 담임교사를 맡은 학생이었다. 제자는 중학교 때부터 나사의 화성 탐사 프로젝트를 보며 감탄했고, 전국 과학경진대회 등에서 입상하며 연구자의 길을 꿈꿨다. 결국 국내 최고의 공과대학인 카이스트에 입학해 항공우주공학을 전공했지만, 학부를 마치고 대학원 진학을 고민하는 순간 그는 깊은 딜레마에 빠졌다. 연구를 이어가기 위해서는 최소 석·박사 과정을 거쳐야 하는데, 그 과정에서의 경제적 부담이 만만치 않았다. 등록금뿐만 아니라 연구실 생활비, 해외 학회 참가비, 논문 작성 비용 등이 큰 장벽으로 다가왔다. 주변 친구들은 대부분 안정적인 기업 취업을 선택했고, 심지어 최상위권 학생들조차 의대 편입을 고려하거나 의공학을 공부해 의사 면허를 따는 것이 더 나은 선택이라고 말하는 경우도 있었다. 그는 결국 연구자의 길을 포기하고 항공 관련 공기업에 취업했다. 흥미로운 연구를 지속할 수는 없었지만, 경제적으로 안정된 삶을 보장받을 수 있었기 때문이다.

이처럼 최상위권 학생들이 자연스럽게 의대를 선택하는 구조는 경제적 안정성과 명확한 커리어 경로 때문이며, STEM 분야는 상대적으로 불안정한 미래를 가진 영역으로 인식되고 있다. 의대 졸업 후에는 일정 수준 이상의 소득과 직업이 보장되지만, STEM 분야에서 연구를 지속하려면 오랜 학업 기간과 높은 비용 부담을 감수해야 하며, 졸업 후에도 안정적인 연구 환경을 확보하기 어렵다. 현재 우리 사회는 STEM 분야의 중요성을 강조하지만, 정작 학생들이 해당 분야를 선택할 수 있도록 실질적인 지원을 제공하지 못하고 있다. STEM 전공 학생들에게도 등록금 면제, 연구 지원비 지급, 기숙사 제공과 같은 경제적 혜택이 필요하며, 대학과 산업계를 연계한 인턴십 프로그램을 통해 실질적인 실무 경험과 경제적 지원을 받을 수 있는 기회를 확대해야 한다.

해외에서는 이미 STEM 인재 확보를 위해 국가 차원의 지원이 활발하게 이루어지고 있다. 미국은 '반도체법(CHIPS Act)'을 통해 반도체 전공 대학원생들에게 연구비를 지원하고 기업과 연계한 실무 교육을 강화하고 있으며, 국가 장학금 제도를 통해 STEM 박사 과정 학생들에게 생활비와 연구비를 지원한다. 유럽연합은 '호라이즌 유럽(Horizon Europe)' 프로그램을 통해 과학·기술 분야 연구자들에게 대규모 연구비를 지원하며, 박사 과정 학생들에게 장학금을 제공하고 연구 인턴십 프로그램을 운영해 졸업 후 연구직으로 자연스럽게 진입할 수 있도록 돕는다. 싱가포르는 STEM 박사과정 장학생(SINGA 프로그램)을 운영하여 박사 과정 학생들에게 전액 장학금과 생활비를 지원하며, 졸업 후 연구소에서 연구를 지속할 수 있도록 채용 기회를 제공한다.

반면, 우리나라는 여전히 "이공계가 중요하다"는 말만 반복할 뿐, 학생들이 안정적으로 STEM 분야에서 연구를 지속할 수 있는 환경을 마련하는 데 부족한 점이 많다. STEM 연구자들이 지속적으로 연구할 수 있으려면 단순한 장학금 지급을 넘어 연구비 지원과 산업 연계 기회를 확대하고, 박사 과정 이후의 명확한 커리어 패스를 제공하는 것이 필수적이다. 그렇지 않다면 앞으로도 최상위권 인재들은 STEM 분야를 선택하기보다는 의대를 비롯한 보다 안정적인 직업군으로 몰릴 수밖에 없으며, 이는 국가적인 산업 경쟁력 저하로 이어질 것이다. STEM 인재들이 경제적 부담 없이 연구를 지속할 수 있는 환경을 마련한다면, 대한민국은 단순한 연구 인력 배출국을 넘어 글로벌 첨단 산업을 이끄는 선도 국가로 도약할 수 있을 것이다. STEM 분야의 중요성을 말하는 것만으로는 충분하지 않으며, 실질적인 변화와 지원이 이루어질 때 비로소 인재들이 이공계를 선택하는 구조가 만들어질 것이다.

의대 쏠림을 막고, STEM 인재를 키우는 방법

현재 대한민국의 교육 시스템은 '의대 지상주의'에 갇혀 있다. 최상위권 학생들은 안정적인 직업과 높은 소득을 이유로 의대를 선택하고 있으며, STEM 분야는 연구 환경의 열악함과 경제적 부담으로 인해 점점 기피 대상이 되고 있다. 이러한 흐름이 지속된다면, 미래 첨단 산업을 이끌 인재 부족이 국가 경쟁력을 위협할 것이다.

2025년 시행될 고교 학점제는 학생들에게 다양한 과목을 선택할 기회를 제공하지만, 지금과 같은 사회 분위기가 유지된다면 결국 의대 진학에 유리한 과목 위주로 선택될 가능성이 크다. STEM 관련 과목이 대입 평가에서 중요하게 다뤄지지 않는다면 학생들은 굳이 이를 선택하지 않을 것이며, 이는 STEM 분야 인재 감소로 이어질 것이다.

이를 해결하기 위해서는 STEM 전공 학생들에게 실질적인 경제적 지원이 필요하다. 등록금 면제, 연구 지원금 확대, 기숙사 제공 등의 혜택을 통해 STEM 전공을 선택하는 것이 부담이 아닌 기회로 여겨지도록 해야 한다. 또한, 대학과 산업계를 연계한 연구 및 인턴십 프로그램을 활성화하여 학생들이 실무 경험을 쌓고 안정적인 진로를 설계할 수 있도록 지원해야 한다.

해외에서는 이미 STEM 인재 확보를 위한 지원이 활발하게 이루어지고 있다. 미국은 반도체법을 통해 연구비를 지원하고 있으며, 유럽연합과 싱가포르도 STEM 전공자를 위한 장학금과 연구 인턴십을 적극적으로 운영하고 있다. 반면, 우리나라는 STEM 분야의 중요성을 강조하면서도 정작 실질적인 지원은 부족한 상황이다.

STEM 인재가 경제적 부담 없이 연구를 지속할 수 있는 환경이 마련된다면, 대한민국은 글로벌 첨단 산업을 선도할 수 있다. STEM 분야를 선택하는 것이 개인에게도, 국가적으로도 경쟁력이 될 수 있도록, 실질적인 지원과 정책적 변화를 추진해야 한다. 이제는 STEM 인재를 키우기 위한 실질적인 변화가 필요한 때이다.

함께 생각해보기

의대 증원, 과연 옳은 선택일까?

2024년 대한민국 정부는 의료 인력 부족과 지역·기피 전문과(소아과, 산부인과, 응급의학과 등) 문제 해결을 위해 의대 정원 확대를 추진하고 있다. 인구 고령화와 의료 수요 증가를 고려하면 의사 수를 늘리는 것은 필수적이다. 하지만 단순히 정원을 늘린다고 해서 지방과 기피 과목의 인력난이 해소될지는 미지수다.

현재 최상위권 학생들이 압도적으로 의대를 선호하는 상황에서, 정원이 확대되면 경쟁이 완화되면서 더욱 많은 인재가 의대로 몰릴 가능성이 크다.(2024 수능에 의대 증원으로 'N수생' 21년 만에 최고치 갱신) 문제는 이들이 졸업 후 반드시 지방 의료기관이나 기피 전문과로 갈 것이라는 보장이 없다는 점이다. 낮은 보상과 열악한 근무 환경 같은 구조적 요인이 해결되지 않으면, 결국 새롭게 배출된 의사들 역시 수도권 대형 병원과 인기 과목에 집중될 가능성이 크다.

이뿐만 아니라, 의대 쏠림 현상이 심화되면 반도체·AI·로봇·양자컴퓨팅 같은 첨단 산업을 이끌 STEM 인재가 부족해질 위험도 있다. 이미 대한민국의 최상위권 학생들은 의대로 집중되고 있으며, 의대 정원이 늘어나면 STEM 분야의 인재 유출이 더욱 가속화될 수 있다. 이는 장기적으로 국가 산업 경쟁력의 약화로 이어질 가능성이 크다.

따라서 의대 정원 확대를 추진하면서도, 지방 의료기관과 기피 과목에서 근무하는 의사들에게 실질적인 인센티브를 제공하고, 병상과 인프라를 확충하는 정책이 반드시 병행되어야 한다. 동시에, 과학·기술 분야에 대한 장학금과 연구 지원을 대폭 확대하고, 기업과의 협력을 강화해 최우수 인재들이 다양한 산업으로 진출할 수 있도록 유도할 필요가 있다.

단순히 의사를 늘리는 데 집중하는 것이 아니라, 의료와 산업 양쪽에서 균형 있는 발전을 도모하는 종합적인 정책이 절실한 시점이다.

10장

입시제도의 대전환,
대학의 역할을 재정의하라

정시 vs 수시? 이제는 '맞춤형 입시'로 가야 한다

한국의 고등학교 3학년 교실을 들여다보면, 수능을 앞둔 학생들의 요구와 관심에 따라 자습이 우선시되면서, 수업보다는 조용한 자율 학습 시간이 어쩔 수 없이 많은 비중을 차지하는 현실이 펼쳐진다. 교사들은 학생들에게 최대한 많은 자습 시간을 제공하는 것이 '관행'이 되었고, 학생들은 하루 종일 문제 풀이에 매달린다. 하지만 이 과정에서 학업 의지가 없는 학생들은 책상에 엎드려 잠을 자거나, 태블릿을 들여다보며 시간을 흘려보낸다. 이 시기는 단순한 입시 준비 기간이 아니라, 인생에서 가장 중요한 선택을 앞둔 시기이며, 정신적·지적으로 빠르게 성장할 수 있는 결정적인 순간이다. 하지만 현실은 수능과 내신, 비교과 활동을 중심으로 한 대학 입시에 맞춰져 있으며, 학생들은 정해진 틀 속에서 '어떤 방식이 입시에 유리한가'를 고민할 뿐, 진정으로 자신이 원하는 미래에 대해 깊이 생각할 기회를 갖지 못한다.

이러한 문제는 대한민국의 입시제도에서 기인한다. 현재 대학 입시는 크게 정시(수능 중심)와 수시(내신·비교과 평가 중심)의 두 가지 축으로 나뉘어 있다. 수능이라는 단 하나의 시험으로 대학을 결정하는 정시는 명확한 평가 기준을 제공하지만, 한 번의 시험으로 학생의 모든 역량을 평가하는 것이 과연 공정한 방식인가에 대한 논란이 계속된다. 반면, 비교과 활동과 내신을 중요하게 반영하는 수시는 학생 개개인의 다양한 역량을 평가하는 방식이지만, 부모의 경제력과 사교육 지원에 따라 기회가 차별적으로 주어질 가능성이 크다. 이러한 대립 구도 속에서 학생들은 '입시에 유리한 방식'을 선택해야만 하는 현실에 놓인다. 그러나 시대가 바뀌었고, 이제는 정시와 수시라는 획일적인 구조를 넘어서, 학생 개개인의 적성과 학습 스타일에 맞춘 '맞춤형 입시제도'로 변화할 필요가 있다.

1. 해외에서는 어떻게 변화하고 있을까?

이미 해외에서는 전통적인 대학 입시 방식에서 벗어나, 학생의 다양한 역량을 평가하는 시스템을 도입하고 있다. 미국의 입시제도는 대표적인 맞춤형 평가 방식의 사례다. 미국의 대학들은 SAT나 ACT[15] 같은 표준화

---

15)　SAT, ACT(미국 대학 입학 시험)
　　SAT(Scholastic Assessment Test): 미국 대학 입학을 위한 표준화 시험으로, 언어 독해 및 수학 문제 해결 능력을 평가한다. ACT(American College Testing): SAT와 유사하지만 과학 추론(Science Reasoning) 과목이 포함되며, 문제 유형과 시험 방식에서 차이가 있다. 미국 대학 입학 전형에서는 SAT 또는 ACT 점수가 주요 평가 요소 중 하나이며, 한국의 수능과 유사한 역할을 한다. 하지만 최근 미국 대학들은 SAT/ACT 제출을 필수에서 선택 사항으로 변경하는 추세이다.

시험을 참고하긴 하지만, 학생의 고등학교 성적(GPA), 자기소개서, 비교과 활동, 추천서 등을 종합적으로 평가하는 Holistic Review(전인적 평가) 방식을 채택하고 있다. 이로 인해 학생들은 시험 성적만이 아니라, 자신의 관심사와 개성을 살려 입시를 준비할 수 있다. MIT나 캘리포니아 대학 시스템처럼 SAT 점수 제출을 선택적으로 운영하는 대학들도 증가하고 있다. 이러한 흐름은 학생들에게 '시험 점수'보다 '개인의 역량과 가능성'을 입증할 수 있는 다양한 방법을 제공한다.

또한 핀란드의 대학 입시는 더욱 혁신적인 방식을 채택하고 있다. 핀란드는 대학마다 자율적인 입학 기준을 운영하며, 일부 대학은 학업 성취뿐만 아니라 창의력, 문제 해결력, 협업 능력 등을 평가하는 면접과 실기 시험을 중요하게 반영한다. 뿐만 아니라, 핀란드에서는 성적만이 아니라 학생의 학습 스타일과 적성에 따라 대학과 전공을 선택하는 과정이 매우 유연하다. 즉, 학생이 단순히 점수로 평가받는 것이 아니라, 자신의 관심 분야에서 실질적인 역량을 발휘할 수 있는 환경을 마련하는 것이 핵심이다.

이처럼 맞춤형 입시제도는 학생들이 단순한 암기와 문제 풀이가 아닌, 실제적인 경험과 역량을 키울 수 있는 기회를 제공한다. 대한민국의 입시제도도 이제는 변화해야 한다.

2. 맞춤형 입시제도로 가기 위한 방향

현재 한국의 입시는 학생들이 '최선의 방식'을 선택하는 것이 아니라, '입시에 유리한 방식'을 강요받는 구조다. 따라서 다음과 같은 방향으로 변화할 필요가 있다.

첫째, 학생의 적성과 학습 스타일을 반영한 다양한 평가 방식이 필요하다. 단순히 정시와 수시를 양분하는 것이 아니라, 학생들이 자신의 강점을 살릴 수 있는 입시 경로를 선택할 수 있어야 한다. 예를 들어, 논리적 사고력이 뛰어난 학생은 시험 기반 평가를 선택하고, 창의적 프로젝트 경험이 많은 학생은 연구·실습 중심 평가를 선택하는 방식이 가능하다.

둘째, 고교 교육과 대학 입시의 연계를 강화해야 한다. 현재 한국의 고등학교 교육은 사실상 입시를 위한 과정으로 변질되었다. 하지만 해외 대학들처럼, 학생들이 고등학교에서의 학업과 프로젝트, 사회 경험 등을 통해 대학과 연결되는 시스템을 마련해야 한다. 대학들은 단순한 시험 성적이 아니라, 학생들의 문제 해결력과 탐구 역량을 평가할 수 있는 체계를 만들어야 한다.

셋째, 경제적 배경에 따른 불평등을 완화하는 입시 정책이 필요하다. 수시는 다양한 평가 요소를 반영할 수 있다는 장점이 있지만, 사교육에 의존하지 않고도 학생들이 공정하게 평가받을 수 있도록 공교육 내에서 충분한 기회를 제공해야 한다. 예를 들어, 고교 내에서 학교 프로젝트, 산학 연계 인턴십, 연구 프로그램 등을 체계적으로 운영하고, 이를 대입에 반영할 수 있도록 하는 방식이 필요하다.

3. 이제는 '선택'이 아니라 '변화'가 필요하다

대한민국의 입시는 학생들의 개성과 역량을 살리는 것이 아니라, 정형화된 틀에 맞춰 살아남아야 하는 구조로 운영되고 있다. 하지만 지금처럼 정시와 수시를 이분법적으로 나누는 방식으로는, 미래 사회가 요구하는 창의적이고 문제 해결 능력을 갖춘 인재를 양성하기 어렵다.

이미 미국, 핀란드 등 여러 선진국에서는 점수 중심의 평가를 넘어, 학생 개개인의 역량을 반영한 맞춤형 입시제도를 도입하고 있다. 대한민국도 이제는 '어떤 방식이 더 공정한가'를 논의하는 것을 넘어, 학생들이 스스로의 강점을 찾고, 그것을 대학과 미래 사회에서 발휘할 수 있도록 지원하는 입시제도로 변화해야 한다.

학생들은 각기 다른 배경과 적성을 가지고 있다. 모두에게 동일한 잣대를 들이대기보다는, 학생 개개인이 자신의 재능을 최대한 발휘할 수 있는 유연한 입시제도가 필요한 시점이다. 더 이상 '정시냐, 수시냐'라는 논쟁에 머무르지 말고, 학생들에게 더 많은 선택권과 기회를 제공하는 방향으로 나아가야 한다.

대학을 줄이고, 거점 대학과 실용 교육기관으로 개편해야 한다

대한민국의 많은 학생들은 자신의 '진로 목표'보다는 부모와 사회가 설정한 '진학 목표'에 맞춰 대학 입시를 준비한다. 최상위권 학생들은 모두가 원하는 의대나 치대 같은 대학을 목표로 하지만, 정원이 한정되어 있어 결국 소수만이 합격할 수 있다. 그렇다면 나머지 학생들은 어떻게 될까? 자신이 진정으로 원했던 목표가 아닌, 성적에 맞춘 '맞춤 진학'을 선택하고, 4년 이상의 막대한 학비를 부담하며 대학을 졸업하게 된다. 하지만 그렇게 어렵게 취득한 대학 졸업장이 지금의 사회에서 어떤 의미를 갖는가?

과거 고성장 시기에는 대학 졸업장이 곧 안정적인 취업을 보장해 주었지만, 현재 대한민국은 1~2%대 성장률의 저성장 국가로 접어들었고, 기업들의 고용 탄력성은 점점 떨어지고 있다. 한때는 대학을 졸업하면 대기업과 IT 유망 산업에 취업할 수 있을 것이라 기대했지만, 기업들은 인건비 부담을 줄이기 위해 채용 규모를 줄이고 있으며, 극소수의 정규직 일자리는 더욱 높은 스펙을 요구한다. 그 결과, 많은 대학 졸업자들이 과거와 달리 졸업장이 단순한 '통과의례'가 되어버린 현실에 직면하고 있다. 이처럼 대졸자 공급 과잉과 일자리 부족이 맞물리면서, 대학 졸업장이 더 이상 노동시장 경쟁력의 보증 수표가 되지 못하고 있다.

이런 상황에서 우리는 대학 구조 개편이 불가피한 시점에 놓여 있다. 대한민국은 이미 인구 감소로 인해 대학 정원이 초과되는 구조적 문제를 안고 있으며, 특히 지방 대학들은 폐교 위기에 몰려 있다. 반면, 수도권 대학으로의 쏠림 현상은 더욱 심화되면서 지역 균형 발전에도 부정적인 영향을 미치고 있다. 3장에서도 이야기했듯이 이제 단순히 대학을 유지하는 것이 아니라, 각 지역의 산업 특성과 연계한 '거점 대학'과 실용 교육기관'을 중심으로 개편해야 한다.

이를 위해, 먼저 대학의 역할을 재정립해야 한다. 현재처럼 모든 학생이 4년제 대학에 진학하는 것이 아니라, 산업 현장에서 직접 활용할 수 있는 실용 교육 중심의 기관을 확대하고, 대학도 이론 중심의 학문 교육이 아닌 실무 역량을 강화하는 방향으로 변화해야 한다. 예를 들어, 독일의 '이원 교육 시스템'처럼 대학과 기업이 협력하여 학생들에게 실습 기회를 제공하고, 졸업 후 바로 산업 현장에 적응할 수 있도록 하는 체계를 마련해야 한다. 또한, 마이스터 고등학교와 연계하여 학생들이 고등학교 때부터 산업 현장을 경험하고, 실질적인 직무 역량을 쌓을 수 있도록 하는 것도 중요한 전략이 될 것이다.

결국, 대한민국의 대학 교육은 '진학'을 목표로 하는 것이 아니라, '미래 사회에서 살아남을 수 있는 경쟁력을 갖춘 인재를 양성하는 방향'으로 전환되어야 한다. 저성장 시대에서 고용의 안정성을 높이는 방법은 무조건 대학 졸업장을 획득하는 것이 아니라, 각자의 적성과 산업의 요구에 맞춰 전문성을 키우는 것이다. 이를 위해서는 대학 구조 개편과 함께 실용 교육기관의 확대가 필수적이며, 학생들이 학비 부담 없이 실질적인 직업 교육을 받을 수 있는 환경이 마련되어야 한다. 이제는 더 이상 대학 졸업장을 목표로 하는 것이 아니라, 각자의 길에서 전문성을 쌓고, 산업과 연결되는 교육이 이루어져야 한다.

평생교육으로의 전환, '대학 졸업'이 아닌 '계속 배우는 시대'

대한민국의 많은 학생들은 오랫동안 "꿈은 이루어질 거야"라는 막연한 교육을 접하며 성장해왔다. 하지만 현실은 그렇게 낭만적이지 않다. 사회에 나가면 경쟁이 치열하고, 일자리의 성격도 빠르게 변화하고 있으며, 단순한 희망만으로 원하는 미래를 만들 수는 없다. 학생들은 학교에서 단순히 지식을 습득하는 것이 아니라, 사회를 준비하는 과정에서 인성, 사회성, 협업 능력을 길러야 한다. 성공과 실패를 경험하며 현실적인 문제 해결 능력을 키우는 것이야말로 학교가 해야 할 중요한 역할이다.

하지만 지금 대한민국의 교육 시스템은 여전히 '대학 졸업=성공'이라는 오래된 공식을 고수하고 있다. 사회의 일자리 교체 속도는 점점 느려지고 있으며, 기업들은 신중하게 인력을 채용하려 하기 때문에, 청년들이 졸업 후에도 취업하지 못하고 사회에 진입하지 못하는 사례가 늘어나고 있다. 이대로 가다 보면, 대한민국도 과거 일본이 겪었던 '니트족(NEET, Not in Education, Employment, or Training)' 문제를 그대로 따라갈 가능성이 높다. 일본에서는 1990년대 장기 경기 침체와 취업난으로 인해 대학을 졸업하고도 사회에 진입하지 못하는 청년층이 급격히 증가했다. 이들은 부모의 돌봄에 의존하며 결혼도 하지 않고, 경제 활동에서도 장기적으로 소외되는 악순환에 빠졌다. 한국에서도 청년층이 일자리를 찾지 못해 사회에서 도태되고, 결국 장기적으로 경제 성장과 노동 시장 자체를 위축시키는 악순환이 반복될 수 있다.

이제는 '대학 졸업'이 끝이 아니라, 계속 배우며 변화하는 시대에 적응할 수 있는 '평생교육 시스템'으로 전환해야 한다. 학위를 취득하는 것만이 중요한 것이 아니라, 일하면서도 지속적으로 새로운 기술을 배우고, 필요할 때마다 다시 교육을 받을 수 있는 환경을 조성해야 한다. 이를 위해 대학 교육도 기존의 학위 취득 중심에서 벗어나, 산업과 연계된 직업

훈련과 재교육이 가능한 실용 교육기관으로 개편할 필요가 있다.

평생교육이 자리 잡으려면, 단순한 교육 개혁뿐만 아니라 성실한 근로자에게 실질적인 인센티브를 제공하는 환경도 함께 조성해야 한다. 현재 우리 사회는 높은 스펙을 갖춘 사람들만이 좋은 기회를 얻는 구조지만, 이제는 꾸준히 배우고 성장하는 사람이 더 나은 기회를 얻을 수 있는 사회적 시스템이 마련되어야 한다. 기업도 '스펙'이 아니라, 실제 업무 수행 능력과 지속적인 학습 의지를 평가하는 방향으로 채용 방식을 개선해야 한다. 또한, 직무 변화에 따라 새로운 기술을 익히고, 필요할 때마다 재교육을 받을 수 있도록 기업과 대학, 정부가 협력하는 시스템을 구축해야 한다.

일본의 사례를 반면교사 삼아 대한민국은 더 늦기 전에 변해야 한다. 지금처럼 대학 졸업장을 목표로 삼는 교육이 아니라, 변화하는 노동 시장에 유연하게 적응할 수 있는 산업·직무 연계형 교육과 평생교육 중심의 체계로 변화해야 한다. 그렇게 해야만 청년들은 학위 경쟁에서 벗어나 지속적으로 성장할 수 있으며, 국가 경제도 인재가 사회에서 장기간 활약할 수 있도록 지원받을 수 있다. 이제는 단순한 입시 경쟁이 아닌, 사회에 필요한 역량을 갖추고 언제든지 배울 수 있는 환경을 만드는 것이 우리의 목표가 되어야 한다.

입시제도의 대전환, 대학의 역할을 재정의하라

대한민국의 교육은 여전히 '입시 경쟁'에 머물러 있다. 학생들은 적성과 관심보다 유리한 입시 전략을 따를 수밖에 없고, 정형화된 정시·수시 구조 속에서 자신의 강점을 살릴 기회를 잃는다. 하지만 미래 사회가 요구하는 인재는 단순한 시험 점수로 평가될 수 없다. 이제는 학생 개개인의 특성과 역량을 반영한 맞춤형 입시제도로 전환해야 한다.

이미 미국과 핀란드 등에서는 성적뿐만 아니라 창의력, 문제 해결력, 협업 능력을 평가하는 유연한 입시제도를 도입하고 있다. 한국도 점수 중심 경쟁에서 벗어나, 다양한 평가 방식을 통해 학생들이 자신에게 맞는 입시 경로를 선택할 수 있도록 해야 한다.

그러나 입시제도의 변화만으로는 부족하다. 대학의 역할도 바뀌어야 한다. 대학 졸업장이 더 이상 취업을 보장하지 않는 시대, 우리는 기존의 4년제 대학 중심 교육에서 벗어나 거점 대학과 실용 교육기관 중심으로 개편해야 한다. 단순한 학문 교육이 아니라, 산업과 연계된 실무 중심 교육과 재교육이 가능한 시스템이 필요하다.

더 나아가, 이제는 '평생교육'이 기본이 되는 사회로 변화해야 한다. 대학 졸업이 끝이 아니라, 언제든지 배우고 새로운 기술을 익힐 수 있는 환경이 조성되어야 한다. 일본의 '니트족' 문제처럼 청년들이 노동시장에 진입하지 못하는 악순환을 막기 위해서라도, 사회가 지속적인 학습과 성장의 기회를 제공하는 구조로 나아가야 한다.

입시와 대학 교육은 더 이상 과거의 방식으로 유지될 수 없다. 우리는 이제 '대학 졸업'이라는 통과의례가 아니라, 개개인이 미래 사회에서 살아남을 수 있는 경쟁력을 키울 수 있는 교육 시스템을 만들어야 한다. 변화는 선택이 아니라, 반드시 필요한 과제다.

함께 생각해보기

대한민국에 맞는 새로운 입시제도, 어떻게 설계할 것인가?

지금의 대한민국 입시제도는 정시와 수시라는 양분된 틀 속에서 학생들에게 제한적인 선택지만을 제공하고 있다. 하지만 미래 사회가 요구하는 인재는 단순한 시험 성적이 아니라, 문제 해결력, 창의성, 협업 능력, 실무 역량을 갖춘 인재다. 그렇다면 우리는 어떤 입시제도를 도입해야 할까?

❶ '맞춤형 입시 트랙' 도입 – 학생 개개인의 강점을 반영한 평가 방식

기존의 정시·수시 이분법을 벗어나, 학생 개개인이 자신의 적성과 학습 스타일에 맞춰 입시 경로를 선택할 수 있는 맞춤형 입시제도가 필요하다. 예를 들어,

- **학문 연구형 트랙**: 논리적 사고력이 뛰어난 학생은 **수능·내신 기반 평가**를 통해 학문 연구 중심 대학으로 진학
- **창의·실기형 트랙**: 예술·디자인·콘텐츠 개발 능력이 뛰어난 학생은 **포트폴리오·실기 평가** 중심의 입시 진행
- **산업 연계형 트랙**: 직업 교육 및 실무 경험이 중요한 학생들은 **기업 인턴십·프로젝트 기반 평가**를 통해 산업 맞춤형 대학으로 진학

이러한 다양한 트랙을 통해 학생들은 자신의 역량을 제대로 발휘할 수 있는 입시 방식을 선택할 수 있다.

❷ '전환형 대학 입시' – 입학 후 전공을 자유롭게 탐색

현재 일부 대학에서 운영하는 '자율전공' 제도를 더욱 확대할 필요가 있다. 산업이 점점 복잡해지면서, 고등학교 졸업 시점에서 명확한 진로를 결정하기 어려운 학생들이 늘어나고 있다. 따라서 대학 입학과 동시에 전공을 확정하는 것이 아니라, 일정 기간 동안 다양한 분야를 탐색한 후 자신의 적성과 관심에 맞는 전공을 선택할 수 있도록 지원하는 제도가 보다 활성화되어야 한다.

- 1~2학년 동안 다양한 전공을 체험한 후, 본인의 적성과 맞는 전공을 선택
- 산업 변화에 맞춰 졸업 후에도 전공을 변경하거나 추가 전공을 이수할 수 있도록 '재입학 트랙' 운영
  이를 통해 학생들은 빠르게 변화하는 산업 환경 속에서도 유연하게 대응할 수 있다.

❸ '고교–대학–기업 연계 평가' – 실무형 평가 도입

현재 입시제도는 학생들이 실제 사회에서 필요한 역량을 평가하는 방식이 아니다. 따라서,

- 고등학교에서 수행한 연구 프로젝트, 사회 문제 해결 과제, 기업 연계형 인턴십 결과 등을 평가에 반영
- 단순한 시험 점수가 아닌, 실제 문제 해결 능력을 증명할 수 있는 입학 사정 방식 마련
- 대학과 기업이 공동 평가하는 시스템을 구축해, 졸업 후 취업과 연계할 수 있도록 지원

이러한 평가 방식이 도입된다면, 학생들은 시험 성적만을 목표로
하지 않고 자신의 미래와 연계된 의미 있는 경험을 쌓을 수 있을 것
이다.

❹ '지역·산업 맞춤형 대학' – 거점 대학 중심의 실용 교육 강화

현재 수도권 대학 선호 현상을 줄이고 지역 산업과 연계된 맞춤형 대
학을 육성해야 한다.

- 거점 대학과 지역 특화 산업을 연계한 맞춤형 교육 과정 도입 (예: 반도
  체 특화 대학, 바이오 전문 대학, AI·로봇 산업 맞춤형 대학)
- 지역 기업과 대학이 협력하여 산학 연계 교육 및 졸업 후 취업 연계 프로
  그램 운영

이를 통해, 대학 졸업장이 단순한 학위가 아니라 실제 산업에서 활용
될 수 있는 전문 역량을 보장하는 자격증과 같은 역할을 하게 만들어
야 한다.

❺ '평생교육 기반 입시제도' – 언제든지 배우고 다시 도전할 수 있도록

미래 사회에서는 대학을 한 번만 가는 것이 아니라, 필요할 때마다
다시 입학하여 새로운 기술을 배울 수 있는 평생교육 시스템이 필수
적이다.

- 재직자·경력 단절자를 위한 유연한 입시 제도 운영 (예: 30·40대도 신입
  생으로 입학할 수 있도록 학사 과정 개편)
- 단기 직무 교육 프로그램을 확대하고, 이를 대학 학위 과정과 연계
  이렇게 하면 청년층분만 아니라 모든 세대가 변화하는 사회에서 경쟁력
  을 유지할 수 있다.

더 이상 '정시 vs 수시' 논쟁을 할 때가 아니다

대한민국의 입시제도는 이제 변화해야 한다. 모든 학생이 같은 방식으로 평가받는 것이 아니라, 각자의 강점을 살릴 수 있는 다양한 입시 트랙을 제공해야 하며, 단순한 학위 취득이 아닌 실무 역량을 중심으로 대학과 산업을 연결해야 한다. 또한, 대학이 단순한 '입학 경쟁'의 장이 아니라, 평생에 걸쳐 지속적인 배움과 성장을 지원하는 공간이 되어야 한다. 앞으로 대한민국이 교육 혁신을 통해 미래 인재를 양성할 수 있도록, 우리는 더 유연하고 실용적인 입시제도를 고민해야 한다.

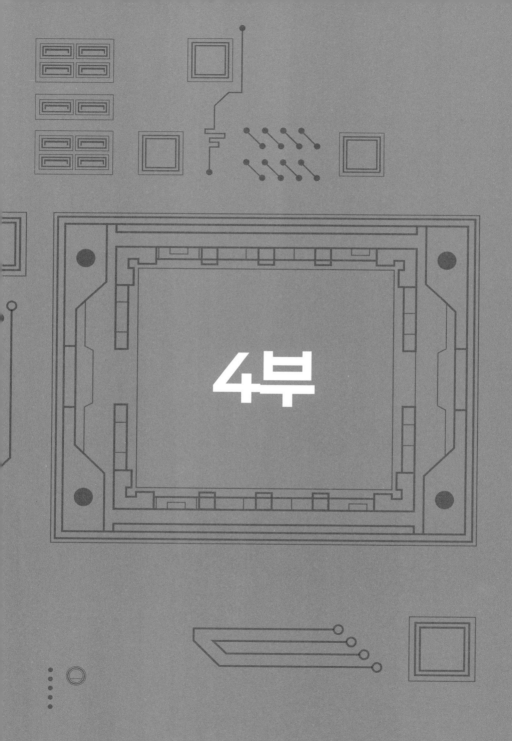

4부

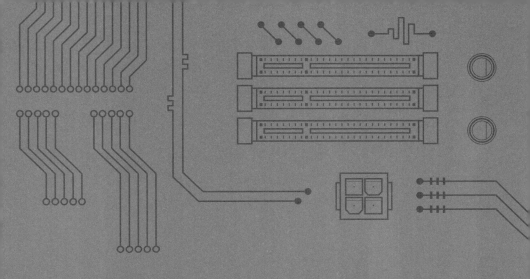

새로운 교육 패러다임,
대한민국이 살아남는 길

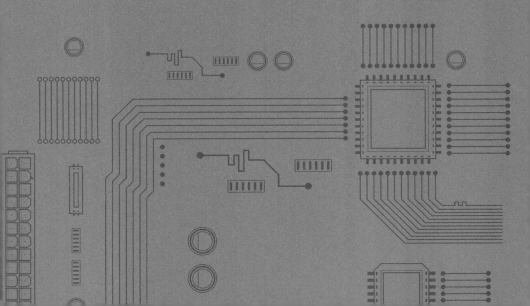

11장

전 세계는 이미 바뀌고 있다, 우리는?

STEM 교육을 넘어 STEAM 교육으로

첨단 기술이 국가 경쟁력을 결정하는 시대에서, STEM 교육의 중요성은 이 글에서 이미 여러 차례 강조해왔다. 이쯤에서 독자들은 혹시 "과학과 수학만 지나치게 강조하는 것 아닌가?"하고 의문을 가질 수도 있다. 하지만 그렇지 않다. 앞서 초등학생들의 과도한 사교육 열풍에 대해 이야기했듯이, 나는 어린 학생들이 성장 과정에서 감당할 수 있는 학습의 양이 한정되어 있으며, 이를 무리하게 주입한다고 해서 모두 효과적으로 소화할 수 있는 것이 아니라는 점을 다시 한번 강조하고 싶다. 오히려 너무 많은 것을 억지로 주입하면 학습 효과는 떨어지고, 심할 경우 번아웃에 이를 수도 있다.

그렇다면 어떻게 해야 할까? 아이들의 뇌는 다양한 경험을 통해 균형 있게 성장한다. 이 과정에서 인문학, 스포츠, 예술 활동은 단순한 여가가 아니라, 사고력과 창의성을 키우는 필수적인 요소가 된다. 스포츠를 통해 아이들은 협력과 경쟁을 배우고, 감정을 조절하며, 목표를 이루기 위한 끈기를 기른다. 음악과 미술은 창의적 사고를 자극할 뿐만 아니라, 패턴과 구조를 이해하는 과정에서 수학적·논리적 사고력도 함께 발달시킨다.

이렇듯 단순한 과학·기술 교육만으로는 미래 사회를 대비할 수 없다. 중요한 것은 기술을 창조적으로 활용하고, 이를 사회적 맥락에서 문제 해결에 적용할 수 있는 융합형 사고를 기르는 것이다. 이를 위해 과학·기술과 인문·예술 교육이 결합된 STEAM(과학·기술·공학·예술·수학) 교육이 점점 더 중요해지고 있다.

초등교육에서부터 이루어지는 인문학 뿐만 아니라 음악, 미술, 체육 교육은 단순한 예술적 감각이나 신체 활동을 넘어, STEAM 교육의 기초를 형성하는 중요한 요소다. 예를 들어, 스포츠를 통해 학생들은 협력과 경쟁, 감정 조절, 목표 달성을 위한 노력의 중요성을 배우고, 이러한 경험은 이후 과학·기술 분야에서 팀 프로젝트를 수행하거나 복잡한 문제를 해결하는 과정에서 필요한 협업과 문제 해결 능력으로 발전할 수 있다. 마찬가지로, 음악과 미술 교육은 창의성을 자극할 뿐만 아니라, 패턴과 구조를 이해하는 과정에서 수학적 사고력과 논리적 사고력도 함께 길러준다.

이러한 경험들은 중·고등학교로 이어지며 점차 과학·기술·공학·예술·수학을 융합하는 STEAM 교육으로 발전할 수 있다. 예를 들어, 초등 시절 음악을 배우며 리듬과 패턴을 익혔던 학생이 중학교에서 소리의 물리학을 탐구하며 악기 제작 프로젝트를 진행할 수도 있고, 미술을 통해 색과 형태를 익힌 경험이 고등학교에서 3D 모델링을 활용한 건축 설계 프로젝트로 확장될 수도 있다. 체육을 통해 배운 균형 감각과 공간 인식 능력은 로봇 공학이나 자율주행 알고리즘 설계에 활용될 수 있는 물리적 개념으로 연결될 수도 있다.

즉, 초등학교에서 이루어지는 스포츠, 음악, 미술 교육은 감각적 사고와 창의적 표현을 길러주고, 이는 이후 STEAM 교육에서 기술적 사고와 문제 해결력으로 발전하는 과정이 된다. 단순히 과학과 수학을 강조하는 것이 아니라, 예술과 체육을 포함한 다양한 학문을 융합하여 창의적 사고력을 배양하는 것이 STEAM 교육의 본질이다. 결국, 미래 사회에서 요구하는 인재는 단순히 기술을 다루는 능력을 넘어, 다양한 영역을 연결하여 새로운 가치를 창출하는 능력을 갖춘 사람들이 될 것이다.

과거에는 STEM 교육이 강조되면서 인문학과 예술 교육이 상대적으로 간과된다는 우려가 있었지만, 이는 교과 간 균형을 무시하는 것이 아니라 각 교과의 고유한 가치를 존중하면서 탐구 중심의 융합 교육을 활성화해야 한다는 의미다. 실제로 대한민국은 논술형 평가를 필수화함으로써 단순한 암기식 학습에서 벗어나 사고력과 논리력을 키우는 방향으로 변화를 시도해 왔으며, 이제는 이를 보다 확장하여 수학·과학·기술이 실생활 문제 해결에 어떻게 활용되는지를 경험하는 프로젝트 기반 학습으로 이어가야 한다.

미국의 MIT 미디어랩과 스탠퍼드 d.school은 공학과 예술을 접목한

융합 학습을 통해 창의적 문제 해결 능력을 기르는 교육을 실천하고 있으며, 우리도 단순 암기식 교육에서 벗어나 탐구 중심의 융합 수업을 확대하고, 기술과 인문학적 사고를 연결하는 학습 환경을 조성해야 한다. STEAM 교육이 강조되는 이유는 기술이 단순한 기능적 도구가 아니라 사회적 가치를 창출하는 핵심 요소이기 때문이며, 앞으로 대한민국이 글로벌 기술 경쟁력을 유지하려면 STEM 교육을 기반으로 인문·예술과 융합하는 STEAM 교육을 도입하여 창의적 사고력을 극대화하는 것이 필수적이다. 결국, 단순한 정답을 찾는 것이 아니라, 새로운 질문을 던지고 답을 탐색하는 능력을 갖춘 학생들이 미래를 주도할 것이다.

교육 선진국들은 어떻게 교육을 혁신하고 있나

전 세계는 교육 혁신에 속도를 내고 있다. 과거 산업화 시대에 맞춰진 주입식·암기식 교육에서 벗어나, AI·디지털 기술을 적극적으로 활용한 맞춤형·탐구형 학습으로 전환하는 국가들이 늘어나고 있다. 특히, 다가올 시대에 필요한 역량을 기르기 위해 창의력, 비판적 사고, 협업 능력을 중점적으로 교육하고 있으며, 이를 실현하기 위해 교육과정을 전면 개편하는 국가들도 있다.

미국은 디지털 교육 전환의 선두주자로, AI·코딩·STEM 교육을 필수 과목으로 지정하고, 초·중·고 교육 과정에서 PBL(문제 해결형 학습), PhBL(현상 기반 학습) 등을 적극 도입하고 있다. 특히, MIT, 스탠퍼드 등의 명문 대학과 실리콘밸리 기업들이 협력하여 AI 교육 커리큘럼을 개발하고 있으며, 대학과 기업이 직접 참여하는 실무 중심의 교육 모델이 자리 잡고 있다. AI와 데이터를 활용해 개별 학습을 최적화하는 "적응형 학습 시스템"을 적극 도입하면서, 학생들이 각자의 수준과 속도에 맞춰 학습할 수 있도록 지원하고 있다.

핀란드는 기존의 교과목 중심 교육에서 탈피하고 "현상 기반 학습(PhBL)"을 도입하며 학업 성취율을 끌어 올리고 있다.

싱가포르는 "미래 직업 변화에 대응하는 교육 개혁"을 적극 추진하고 있다. 대학 졸업장이 중요한 것이 아니라, 평생 동안 새로운 기술을 배우고 적응할 수 있는 학습 역량을 키우는 데 초점을 맞추고 있다. 이에 2015년 '기술이 미래다'라는 의미인 "스킬스퓨처(SkillsFuture)"를 국가 아젠다로 내세워 교육을 운영하며, 학생들뿐만 아니라 성인 학습자들에게도 AI·데이터 분석·로봇공학 등의 첨단 기술 교육을 제공하고 있다. 기업과 협력하여 대학 교육을 실무 중심으로 개편하고 있으며, 대학 졸업 후에도 지속적인 재교육이 이루어질 수 있도록 지원한다.

대한민국이 참고해야 할 글로벌 교육 개혁 사례

세계 각국이 교육 혁신을 통해 미래 산업을 준비하는 동안, 한국은 여전히 입시 중심의 교육 패러다임에서 벗어나지 못하고 있다. 대학 서열에 따라 진로가 결정되고, 최상위권 학생들은 의대로 쏠리며, 국가 전략 산업에 필요한 인재들이 부족해지는 구조적 문제가 심화되고 있다. 교육이 산업과 유기적으로 연결되지 않으면, 수출 중심의 기업들은 경쟁력을 잃고 수익성이 감소할 것이다. 이는 고용 창출과 투자를 위축시키고, 소비 감소로 이어져 결국 경제 성장까지 둔화되는 악순환을 초래할 수밖에 없다.

한국이 참고해야 할 가장 중요한 사례는 "교육과 산업을 연결하는 모델"이다. 미국과 싱가포르처럼 대학과 기업이 협력하여, 교육 과정에서 실무 경험을 쌓고, 산업 현장에서 요구하는 역량을 기를 수 있도록 해야 한다. 현재 한국의 대학들은 이론 교육에 치중되어 있으며, 기업과의 연계가 부족해 졸업 후 실무 적응력이 떨어지는 경우가 많다. 3장에서 살펴보았듯이 국가 전략 산업을 중심으로 '거점 특화 대학'을 운영하고, 대학과 기업이 공동으로 연구·개발하는 시스템을 구축해야 한다.

또한, 핀란드의 PhBL 사례처럼 교과 융합형 탐구 학습을 적극 도입하여 실제 문제를 해결하는 경험을 쌓을 기회를 제공해야 한다. 예를 들어, "자율주행 기술이 교통 체계를 어떻게 변화시킬 것인가?" 같은 주제를 중심으로, 물리학에서는 센서 작동 원리를 배우고, 수학에서는 알고리즘을 분석하며, 경제학에서는 자율주행 산업이 노동시장에 미치는 영향을 탐구하는 방식으로 교과를 융합할 수 있다. 이를 통해 학생들은 단순히 암기하는 것이 아니라, 배운 지식을 실생활과 연결하는 경험을 하게 되며, 몰입도와 학습 동기가 높아질 것이다.

디지털 전환 시대, 교육이 바뀌지 않으면 산업도 무너진다

AI·로봇·빅데이터가 주도하는 디지털 전환 시대에는, 기존의 직업 구조와 산업 패러다임이 완전히 바뀌게 된다. 하지만 현재 한국의 교육은 여전히 대기업 취업·공무원 시험·의대 진학에 맞춰져 있으며, 급변하는 산업 환경에 맞춰 인재를 길러내지 못하고 있다.

기술 발전이 빠른 만큼, "한 번 배운 지식으로 평생을 살아갈 수 없다"는 사실을 받아들여야 한다. 미래에는 특정 전공을 선택해 졸업하는 것보다, 지속적으로 새로운 기술을 학습하고, 변화하는 직업 환경에 적응하는 능력이 더 중요한 시대가 될 것이다. AI와 협업할 줄 알고, 데이터를 분석하고, 문제를 해결하는 능력이 핵심 역량이 되며, 이를 위해 교육이 변화해야 한다.

교육 개혁이 이루어지지 않으면, 산업 경쟁력도 무너질 수밖에 없다. 차세대 반도체, 차세대 AI 등의 미래 산업을 주도하려면, 산업과 연결된 실무 중심의 교육을 확대하고, 배움을 원하면 누구나 배울 수 있는 평생 교육 시스템을 구축하며, 미래 인재를 양성하는 체계를 정비해야 한다. 전 세계가 교육 개혁을 통해 미래 산업을 준비하고 있는 지금, 한국이 여전히 입시 중심의 교육에 머물러 있다면, 글로벌 경쟁에서 뒤처질 위험이 크다.

"교육이 변하면 경제가 변하고, 경제가 변하면 국가의 미래가 달라진다."

전 세계는 이미 바뀌고 있다, 우리는?

세계 각국은 교육 혁신을 통해 미래 산업을 대비하고 있다. 미국은 기술과 인문·예술을 융합시키는 STEAM 교육을 운영하며, AI·코딩·STEM 교육을 필수화하고, 대학과 기업이 협력하는 실무 중심 교육을 강화하고 있다. 핀란드는 탐구형 학습을 도입해 교과 융합 교육을 확대하며, 싱가포르는 평생교육 시스템을 구축해 지속적인 기술 학습을 지원한다. 반면, 한국은 여전히 입시 중심 교육에 머물러 있으며, 대학 서열과 의대 쏠림 현상이 국가 전략 산업의 인재 부족을 심화시키고 있다.

이제 교육과 산업을 연결하는 실용적인 변화가 필요하다. 대학과 기업이 협력해 실무 중심 교육을 확대하고, 국가 전략 산업과 연계된 거점 대학을 운영해야 한다. 또한, 암기식 학습에서 벗어나 탐구형 학습을 강화해 창의적 사고와 문제 해결 능력을 키워야 한다.

디지털 전환 시대에는 한 번 배운 지식만으로 평생을 살아갈 수 없다. 산업 경쟁력을 유지하려면 실무 교육 확대, 평생교육 시스템 구축, 미래 인재 양성을 위한 교육 개혁이 필수적이다. 교육이 바뀌지 않으면 산업도 무너진다. 지금이야말로 대한민국이 변해야 할 때다.

교육 예산, 어떻게 효율적으로 확보하고 사용할 것인가?

저성장 기조가 지속되는 상황에서 국가 재정 확보는 점점 어려워지고 있으며, 향후 세수 감소로 인해 교육 예산을 지금처럼 충분히 확보하기도 불투명하다. 하지만 교육은 국가의 미래를 위한 핵심 투자이므로, 보다 효율적인 예산 운영과 현실적인 재정 조정이 필요하다. 이를 위해 산업과 연계된 교육 개혁과 더불어, 복지 정책의 우선순위를 조정하여 예산을 확보하는 방안도 고려할 필요가 있다.

❶ 산업과 연계한 교육 투자 우선순위 설정

교육 예산은 한정적인 만큼, 모든 분야에 균등하게 배분하기보다 국가 경쟁력 강화에 직결되는 분야에 집중 투자해야 한다. 예를 들어, 반도체·AI·바이오 등 국가 전략 산업과 연계된 거점 대학과 실습 교육기관에 우선적으로 예산을 배정하고, 산학 협력 프로그램을 확대해야 한다. 또한, 기업이 적극적으로 참여하는 맞춤형 교육 모델을 도입해, 대학과 산업이 함께 인재를 양성하도록 유도하면, 교육 예산의 부담을 일부 기업과 공유할 수도 있다.

❷ 비효율적인 복지 정책 조정과 교육 예산 확보

논란의 여지가 다분한 민감한 내용이지만 현재 대한민국은 보편적 복지 확대를 통해 무상급식, 무상교육, 각종 보조금 등을 제공하고 있다. 하지만 국가 재정이 한정적인 상황에서 교육 분야를 위한 안정적인 예산을 마련하려면, 복지 정책의 우선순위를 재조정하는 것도 고려할 필요가 있다.

- **무상급식 전면 시행 대신 선별 지원**: 저소득층 및 교육 취약 계층을 대상으로 지원을 강화하되, 재정 여건에 따라 모든 학생을 대상으로 한 무상급식은 조정하는 방식
- **교육 바우처 제도 도입**: 필요한 학생들에게 학습 지원금을 제공하고, 모든 학생에게 일괄적으로 동일한 지원을 제공하는 방식에서 벗어나 맞춤형 지원 체계를 구축
- **고소득 가구를 대상으로 한 일부 교육 복지 축소**: 장학금, 급식비, 교재 지원 등을 소득 기준을 적용해 필요한 학생들에게 집중 지원

이러한 방식은 단순한 복지 축소가 아니라, 교육 기회가 더욱 필요한 계층에게 실질적인 지원을 강화하는 전략적 접근이 될 수 있다.

❸ 대학 구조 조정 및 예산 효율화

저출산으로 인해 대학 정원이 초과되는 상황에서, 모든 대학을 유지하는 것은 비효율적이다. 경쟁력이 낮거나 취업률이 저조한 학과를 조정하고, 거점 대학 중심으로 개편하여 교육 예산을 보다 효율적으로 사용할 필요가 있다. 또한, 대학 재정을 보다 투명하게 운영하고, 교육성과가 낮은 사업에 대한 지원을 축소해 실제로 효과적인 교육에 예산이 집중될 수 있도록 해야 한다.

❹ 디지털 교육 시스템 확대 및 비용 절감

디지털 기술을 적극 활용하면 교육 예산을 절감하면서도 학습 효과를 높일 수 있다. AI 기반 맞춤형 학습 시스템, 온라인 강의(MOOC) 확대, 디지털 교재 보급 등을 통해 교육 접근성을 높이면서도 불필요한 교육 운영 비용을 줄일 수 있다. 특히, 교사 중심의 전통적인 강의

방식에서 벗어나 적응형 학습 시스템을 도입하면, 학생들의 개별 학습 수준에 맞춘 교육이 가능하면서도 교사의 부담과 인건비를 줄일 수 있다.

❺ 평생교육 시스템 정비 및 성인 학습 지원 최적화

모든 교육 예산이 청소년 및 대학 교육에 집중될 필요는 없다. 재직자·경력 단절자를 위한 평생학습 지원을 보다 효과적으로 운영하여, 국가 경제 활성화와 직결되는 교육 투자로 전환해야 한다. 이를 위해 국가가 직접 운영하는 평생교육 기관과 기업과 협력한 직무 교육 프로그램을 강화하면, 예산 부담을 줄이면서도 실질적인 교육 효과를 얻을 수 있다.

선택과 집중이 필요하다

향후 국가 재정이 악화될 가능성을 고려하면, 모든 복지와 교육 지원을 동일한 방식으로 유지하는 것은 현실적으로 어려울 수 있다. 따라서 교육 예산을 확보하기 위해, 국가 전략 산업과 연계된 교육 프로그램에 집중 투자하고, 복지 예산의 우선순위를 조정하여 실질적으로 필요한 계층에게 맞춤형 지원을 제공하는 방식으로 전환해야 한다.

교육은 단순한 지출이 아니라, 국가 경쟁력을 결정하는 핵심 투자다. 한정된 재원을 가장 효과적으로 활용할 수 있도록, 교육 예산 집행 방식도 변화해야 한다. 결국, 선택과 집중을 통해 교육의 질을 유지하면서도 지속 가능한 방식으로 예산을 운용하는 것이 중요한 과제가 될 것이다.

12장

선순환 미래 교육 로드맵

공교육 혁신: 교사의 자발적 역할 변화

미래 교육의 핵심은 학생 개개인의 수준과 학습 스타일에 맞춘 개별화 학습이다. AI를 활용한 맞춤형 학습이 가능해지면서, 교사는 단순한 지식 전달자가 아니라 학습을 조율하고 지도하는 멘토로 변화해야 한다. 하지만 현재 공교육 환경은 이러한 변화를 받아들이기 어려운 구조적 한계를 지니고 있다. 특히, 교권 추락과 교육 환경의 변화 속에서 교사의 역할을 어떻게 재정립할 것인가가 중요한 과제가 되고 있다.

최근 몇 년간 학생 인권이 강조되면서 교사의 지도권이 약화되었고, 이에 따라 교사들의 의욕 저하와 교육의 질 하락이 우려되고 있다. 학생 인권 보호는 필수적이지만, 교사의 교육권과 균형을 이루지 않으면 학습 환경이 무너질 수 있다. 미국 월가(Wall Street)에서 흔히 하는 말(본래

취지는 중앙은행의 통화정책을 비꼬며 한 말)처럼, "샤워실의 바보들"은 한쪽으로 너무 차갑거나 뜨거운 물을 틀어놓다가 결국 적절한 온도를 찾는다. 마찬가지로, 학생 인권과 교사의 권한이 균형을 이루는 방향으로 교육 환경을 조성해야 한다.

학교에서 근무하다 보면 자신의 경력을 내세우며 "내가 어디서 얼마나 오래 일했는지 아느냐"는 식의 이야기를 귀가 아프도록 듣는 일이 많다. 하지만 최근까지 함께 근무했던 한 선배교사는 달랐다. 그는 고경력자임에도 불구하고 컴퓨터 문서 작업에 능숙했고, 체육대회나 스포츠클럽 리그제 운영도 철저히 준비하며, 누구도 신경 쓰지 않을 체육 시설 확충과 학생 안전 대책까지 앞장서서 챙겼다. 심지어 교내 다른 담당자와 이견이 있어도, 학생들에게 필요한 일이라면 자신의 역할이라고 생각하며 주저 없이 추진했다. 회식 자리에서 이런 헌신적인 태도에 대해 물었을 때, 그는 단순히 "나는 호봉제로 더 많은 월급을 받으니까, 그만큼 더 일해야 하는 게 당연한 것 아닌가?"라고 답했다.

우리나라 교사 임금 체계는 호봉제로 운영되며, 신규 교사의 월급은 OECD 평균보다 낮지만, 경력 교사는 상대적으로 높은 보수를 받는다. 이는 교사의 안정적인 직장 생활을 보장하는 장점이 있지만, 동시에 경력이 쌓일수록 태만해지지 않고 지속적으로 변화해야 할 책임도 따른다. 단순히 "예전엔 이렇게 가르쳤다"며 과거 방식에 머무르거나, 나이가 들수록 수업 방식이 고정되는 것은 변명을 넘어 학생들에게 존경받을 기회를 스스로 잃는 것이다. 교사의 권위와 존경은 연차가 아니라, 시대의 변화에 맞춰 끊임없이 배우고 성장하는 태도에서 나온다. 학교에서 자주 볼 수 있는 한 장면이 있다. 어떤 교사는 열정적으로 AI·디지털 기술을 활용하며 수업을 혁신하지만, 또 어떤 교사는 '굳이 그렇게까지 할 필요가 있나'라며 기존 방식만 고수하는 경우가 많다. 하지만 학생들은 새로운 방식을 받아들이는 교사를 더 존중하고 따른다. 교사의 권위는 강요해서 얻는 것이 아니라, 자발적인 업그레이드와 시대의 변화에 대한 적극적인 적응을 통해 자연스럽게 회복되는 것이다.

AI와 맞춤형 학습이 도입되면서, 교사의 역할도 변화해야 한다. 과거처럼 교과서를 읽어주고 시험 문제를 내는 방식은 더 이상 유효하지 않다. AI가 기본적인 지식을 전달하는 역할을 맡게 된다면, 교사는 학생의 학습을 조율하고, 문제 해결 능력을 키우며, 학습 동기를 부여하는 멘토 역할을 해야 한다. 기술을 활용해 수업을 혁신하는 교사와 그렇지 않은 교사의 차이는 갈수록 커질 것이며, 이는 학생들의 존경과 신뢰에도 직접적인 영향을 미칠 것이다.

〈초임교사는 OECD 평균보다 낮지만, 15년 차 교사의 급여는 높다〉 출처 교육부

결국, 교사의 변화 없이는 공교육 혁신도 없다. 교권은 규제나 정책으로 회복되는 것이 아니라, 학생들이 존경할 수 있는 교사의 역할이 무엇인지 스스로 고민하고 변화하는 과정에서 자연스럽게 형성된다. 변화하는 시대 속에서 "예전 선배들이 그랬다."라는 말은 더 이상 유효하지 않다. 시대가 변하면 교육 방식도 바뀌어야 하며, 교사는 이에 맞춰 자발적으로 학습하고 성장해야 한다.

미래 교육의 중심에는 AI가 아니라, 변화를 수용하고 학생과 함께 성장하는 교사가 있어야 한다. 교사의 지속적인 자기 개발과 시대에 맞는 역할 변화가 곧 공교육 혁신의 핵심이 될 것이다.

산업과 교육이 함께 성장하는 선순환 구조 만들기

현대 산업은 빠르게 변화하며 지속적인 혁신을 요구하지만, 대학 교육과 산업 현장의 요구 사이에는 여전히 큰 격차가 존재한다. 학생들은 배운 이론을 실제 업무에 적용하는 데 어려움을 겪고, 기업들은 실무 능력을 갖춘 인재를 찾기 위해 추가적인 교육 부담을 안고 있다. 이를 해결하려면 대학과 기업이 긴밀하게 협력하는 산학 협력 모델이 필수적이다.

산학 협력의 대표적인 성공 사례로, 제프리 힌튼(Geoffrey Hinton) 교수의 토론토 대학 연구팀을 들 수 있다. 힌튼 교수는 딥러닝(Deep

Learning)[16] 연구의 선구자로, 2012년 그의 연구팀이 AI 분야에 혁명을 일으켰다. 이 연구를 주도한 일리야 수츠케버(Ilya Sutskever)와 알렉스 크리제브스키(Alex Krizhevsky) 역시 토론토 대학 출신으로, 이후 AI 산업을 주도하는 핵심 인재로 성장했다.

힌튼 교수의 연구 성과는 단순한 학문적 업적을 넘어 산업 혁신을 견인하는 기술적 토대가 되었다. 2013년, 힌튼 교수는 자신의 연구 성과를 상용화하기 위해 구글과 협력하였으며, 이 과정에서 딥러닝이 컴퓨터 비전, 음성 인식, 자연어 처리 등 다양한 분야에서 혁신을 불러일으킬 수 있음이 입증되었다. 이후 구글은 힌튼 교수를 영입하고, 딥러닝 기술을 자사 제품에 적극적으로 도입하면서 AI 기반 서비스(예: 구글 포토, 구글 번역, 구글 어시스턴트)를 빠르게 발전시켰다. 토론토 대학 연구팀에서 배출된 연구자들은 AI 산업의 핵심 인물로 성장했다. 수츠케버는 이후 오픈AI(OpenAI)의 공동 창립자로 참여하여, GPT 시리즈 개발을 주도했다. 그의 연구는 자연어 처리(NLP) 분야에서 AI의 새로운 가능성을 열었으며, 이를 기반으로 한 챗GPT, DALL·E와 같은 모델들은 다양한 산업에서 AI 활용을 확산시키는 데 결정적인 역할을 했다.

한편, 크리제브스키는 엔비디아(NVIDIA)와 협력하며 AI 기반 GPU 가속 컴퓨팅 기술 발전을 이끌었다. 크리제브스키는 딥러닝 모델의 학습

---

16)　딥러닝(Deep Learning): 인공신경망(Artificial Neural Network, ANN)을 기반으로 한 기계 학습 기술로, AI가 인간의 두뇌처럼 학습하고 패턴을 인식할 수 있도록 설계된 알고리즘이다. 딥러닝은 이미지 인식, 자연어 처리(NLP), 자율주행, 음성 인식 등 다양한 분야에서 혁신적인 변화를 일으키고 있다. 2012년 제프리 힌튼(Geoffrey Hinton) 연구팀이 발표한 AlexNet 모델이 딥러닝 기술을 본격적으로 발전시키는 계기가 되었다.

속도를 획기적으로 개선했고, 이를 기반으로 엔비디아는 AI 연산을 위한 CUDA[17] 아키텍처를 개발했다. 이는 현재 자율주행, 의료 AI, 생성형 AI와 같은 최첨단 기술이 상용화되는 데 필수적인 기반이 되었다.

이처럼, 토론토 대학의 AI 연구 성과는 글로벌 IT 기업과의 협력을 통해 학문적 성과를 넘어 산업 전반을 변화시키는 핵심 기술로 자리 잡았다. 이는 단순한 대학 교육을 넘어, 산학 협력 모델이 연구 혁신과 국가 경쟁력을 결정짓는 중요한 요소임을 보여주는 대표적인 사례다. 우리나라도 연구 중심 대학과 산업이 긴밀히 협력하는 교육 모델을 정착시켜, 미래 핵심 산업을 선도할 인재를 양성해야 한다.

기업도 단순히 인재 채용을 기다리는 것이 아니라, 대학에 직접 투자하고 협력하여 인재를 체계적으로 양성해야 한다. 이렇게 형성된 산학 협력 구조는 지역 경제 활성화에도 기여할 수 있다. 대학이 좋은 일자리를 창출하면 인구가 유입되고 소비가 증가하며, 지역 산업이 성장하는 선순환이 만들어진다. 이는 수도권 집중 현상을 완화하고 지역 균형 발전을 이루는 핵심 전략이 될 것이다.

결국, 정부는 교육 인프라를 조성하고, 기업은 대학과 협력하여 인재를 육성하며, 대학은 지역 사회와 산업 발전을 견인하는 선순환적 사이클을 구축해야 한다. 교육과 산업이 함께 성장해야 대한민국이 글로벌

---

17) CUDA(Compute Unified Device Architecture, 2007~): 엔비디아(NVIDIA)가 개발한 병렬 컴퓨팅 플랫폼이자 프로그래밍 모델로, GPU(Graphics Processing Unit)를 활용하여 대규모 데이터 연산을 가능하게 한다. 기존의 CPU 기반 연산보다 빠른 데이터 처리가 가능하여 AI, 딥러닝, 과학 시뮬레이션, 영상 처리 등 다양한 분야에서 활용된다. 딥러닝이 발전하면서 CUDA 기반의 GPU 연산 기술이 필수적으로 자리 잡았으며, 이를 통해 AI 모델의 학습 속도를 획기적으로 단축할 수 있다.

경쟁에서 앞서 나갈 수 있다. 힌튼 교수의 AI 연구 사례처럼, 교육과 산업이 결합할 때 미래를 선도할 수 있다.

관료주의를 넘어 기술 기반 국가 운영 모델로

대한민국이 글로벌 경쟁에서 살아남으려면 과학과 기술을 기반으로 한 정책 결정 시스템, 즉 테크노크라시(Technocracy)[18]로의 전환이 필수적이다. 그러나 현재의 관료주의적 구조는 여전히 연공서열과 형식주의에 갇혀 있으며, 기술적 전문성이 부족한 행정가들이 산업 전략을 수립하는 한계를 보이고 있다. 반면, 미국과 유럽은 과학과 기술을 이해하는 전문가들이 정책 결정에 참여하며, 혁신 기업 리더들과 협력하는 방식으로 국가 경쟁력을 높이고 있다.

대표적으로 미국에서는 테슬라의 CEO 일론 머스크(Elon Musk) 같은 기업가들이 정책 결정 과정에서 적극적인 역할을 하며, 다양한 산업과 정부 정책을 긴밀히 연결하고 있다. 이는 정부가 직접 산업을 이끄는 것이 아니라, 기업과 기술 전문가들이 정책 방향을 주도하고, 정부가 이를 지원하는 구조로 운영되는 방식이다. 이와 마찬가지로, 영국·독일·프랑스·싱가포르는 과학기술 배경을 가진 인재들을 행정 조직에 적극 배치

---

18) 테크노크라시(Technocracy): '기술(Technology)'과 '관료주의(Bureaucracy)'의 합성어로, 과학과 기술 전문가들이 정책을 결정하고 국가를 운영해야 한다는 이념을 의미한다. 20세기 초반 미국과 유럽에서 산업화가 진행되면서 등장한 개념이며, 오늘날 AI, 반도체, 바이오테크 등의 첨단 기술이 국가 경쟁력을 좌우하는 시대에서 다시 주목받고 있다.

하며, 기술 기반 의사결정 체계를 정착시키고 있다.

　그러나 한국은 여전히 행정고시 출신 관료들이 정책을 주도하며, 연구자나 산업 전문가들은 정책 결정 과정에서 배제되는 경우가 많다. 이로 인해 산업과 정부가 따로 움직이며, 글로벌 경쟁력이 필요한 핵심 산업에서도 전략적 대응이 늦어지는 악순환이 반복된다. 첨단 미래 핵심 산업에서 대한민국이 앞서 나가려면, 정책 설계 단계에서부터 기술적 전문성을 반영하는 변화가 필요하다.

　이를 위해, 첫째로 정부 내 주요 부처에 과학·기술 전문가를 적극 배치하고, 기술적 통찰력을 갖춘 인재들이 정책 수립 과정에 참여할 수 있도록 해야 한다. 둘째로, 산업과 정부가 긴밀하게 협력하는 시스템을 구축하여, 기업과 연구소, 정부 기관이 공동으로 국가 전략을 수립하는 체계를 마련해야 한다. 마지막으로, 정책 결정 방식이 과거 경험 중심이 아니라, 데이터와 과학적 분석을 기반으로 이루어지는 체계를 확립해야 한다.

　이를 위한 핵심 요소는 뛰어난 기술 인재를 체계적으로 육성하는 것이다. 지금 교육이 단순한 입시 중심 구조를 탈피해, 과학·기술 기반 문제 해결 역량을 기르는 방식으로 변화한다면, 미래의 테크노크라트 (Technocrat)[19] 들은 자연스럽게 성장할 것이다. 이들이 산업에서 경험을 쌓고, 정부 정책을 주도하는 위치에 서게 될 때, 대한민국의 산업 전략은 단순한 정치적 이해관계를 벗어나 데이터와 과학적 분석을 기반으로 최

---

19)　테크노크라트(Technocrat): 과학·기술 전문성을 바탕으로 정책을 결정하는 행정가나 정치인을 의미한다. 기존의 정치 중심 행정 방식과 달리, 데이터 분석과 기술적 전문성을 기반으로 정책을 수립하는 것이 특징이다. AI 및 데이터 기반 행정이 중요해지면서, 전 세계적으로 테크노크라트의 역할이 점점 더 커지고 있다.

적화된 방향으로 나아갈 수 있다.

결국, 대한민국이 미래 산업에서 생존하고 경쟁력을 확보하기 위해서는 관료주의를 넘어 테크노크라시로의 전환이 필수적이며, 그 핵심은 인재 육성에 있다. 산업과 교육이 긴밀하게 연결되고, 뛰어난 과학·기술 인재들이 국가 운영과 정책 결정 과정에 적극적으로 참여하는 선순환 구조가 만들어질 때, 대한민국은 글로벌 경쟁에서 앞서 나가며 지속 가능한 성장 동력을 확보할 수 있다.

그렇다면, 대한민국에서도 K-샘 알트만, K-일론 머스크와 같은 혁신적인 인재가 탄생할 수 있을까? 필자는 우리가 한강의 기적을 이루며 빠르게 성장해온 것처럼, 역동성을 바탕으로 변화에 유연하게 대응하고 역경을 극복한다면, 오히려 더 유리한 위치를 선점할 수 있을 것이라 믿는다. 대한민국의 미래를 결정짓는 것은 단순한 제도 변화가 아니라, 혁신적인 사고를 가진 인재들이 마음껏 도전할 수 있는 환경을 조성하는 것이다. 이제, 그 변화를 만들어야 할 때다.

선순환 미래 교육 로드맵

미래 교육의 핵심은 맞춤형 학습과 AI 활용, 그리고 교사의 역할 변화다. 교사는 지식 전달자가 아닌 학생 개개인의 학습을 조율하는 멘토로 변화해야 하며, 이를 위해 AI와 협력하는 교수법과 문제 해결 중심 교육을 도입해야 한다. 교사의 변화가 학습의 질을 높이고, 학생들의 성장이 다시 교사의 역할을 강화하는 선순환 구조를 만든다.

또한, 대학과 산업의 긴밀한 협력이 필요하다. 대학이 단순한 학문 기관이 아닌 실무 인재를 양성하는 중심지로 자리 잡아야 하며, 기업은 대학과 협력해 필요한 역량을 갖춘 인재를 직접 육성해야 한다. 이를 통해 연구 성과가 산업 혁신으로 이어지고, 산업 성장이 다시 교육 투자로 환원되는 선순환 구조가 형성된다.

궁극적으로 대한민국이 지속적인 경쟁력을 확보하려면, 기술 기반 정책 결정(테크노크라시) 체계로 전환해야 한다. 과학·기술 전문가들이 정책을 주도하면, 산업과 교육이 실질적으로 연결되고, 국가 전략이 보다 효율적으로 실행될 수 있다. 교육이 산업을 발전시키고, 산업 성장이 다시 교육 혁신을 촉진하는 선순환적 시스템을 구축해야 한다.

이제 대한민국은 교육과 산업, 정책이 하나의 순환 구조 속에서 함께 성장하는 시스템을 마련해야 한다. 교육이 바뀌면 산업이 성장하고, 산업이 발전하면 국가의 미래가 달라진다.

교사 연수 및 AI 교육 확산 방법: 변화는 교실에서 시작된다

교실에서 변화를 이끌어내려면 교사의 동기 부여와 지속적인 학습이 필수적이다. 하지만 현재의 교사 연수는 변화하는 기술을 따라가지 못하고 있으며, 단순한 강의식 연수로는 AI 시대에 적합한 교수법을 익히기 어렵다. 교사들이 실질적인 성취감을 느끼고, 자발적으로 성장할 수 있는 동기를 부여할 수 있는 연수 방식과 인센티브 시스템이 필요하다.

❶ 실습 중심의 AI 연수로 성취감 제공

교사 연수는 단순한 강의식 교육이 아니라, 탐구 기반 학습을 실습하는 방식으로 운영되어야 한다.

- AI를 활용한 수업을 직접 기획하고, 이를 동료 교사들과 실험하며 피드백을 주고받는 방식으로 연수를 진행하면 교사들이 AI를 활용한 교수법에 자연스럽게 익숙해질 수 있다.
- 연수 과정에서 AI 기반 교수법을 활용한 수업 설계 챌린지를 도입하고, 우수한 아이디어를 제안한 교사들에게 교육청 차원의 연구비 지원이나 수업 혁신 포상제도를 도입해 성취감을 느낄 수 있도록 해야 한다.

❷ 'AI 마스터 교사' 인증 및 특별 연수 기회 제공

단순히 AI 연수를 수료하는 것으로 끝나는 것이 아니라, AI를 효과적으로 활용하는 교사들에게 'AI 마스터 교사' 인증을 부여하고, 이를 통해 경력 관리에 실질적인 이점을 제공하는 시스템을 마련할 필요가 있다.

- 공수부대에서 공수훈련을 수료하면 공수마크를 받듯이, AI 연수와 교수

법 개발에 참여한 교사들에게 AI 교육 인증 배지를 부여하고, 이를 인사 평가나 승진, 연구 기회와 연계하는 방식이 효과적이다.

- AI 마스터 교사로 인증된 교사들에게는 국내외 교육 혁신 사례 탐방 연수, AI 교육 관련 학술 대회 참석 지원, AI 기반 교육 프로젝트 운영 기회 등을 제공해, 스스로 성장할 수 있는 환경을 마련해야 한다.

❸ 학교 내 AI 연구회 및 협업 문화 조성

교사들이 AI 연수를 받고도 학교에서 실제로 활용하지 않는 경우가 많다. 이를 해결하려면 학교 내 AI 연구회와 협업 네트워크를 활성화하여, 교사들이 함께 배우고 성장할 수 있는 환경을 조성해야 한다.

- 교사들이 정기적으로 AI 기반 수업 사례를 공유하고, 동료 교사들과 함께 피드백을 주고받을 수 있도록 'AI 교수법 연구회'를 운영하면 효과적이다.
- 이러한 연구 활동을 평가하여 우수 사례를 발표하는 자리를 마련하고, 이를 통해 교육청 차원에서 성과를 공식적으로 인정하는 시스템을 도입해야 한다.

❹ AI 교육을 적용하는 교사들에게 실질적인 인센티브 제공

교사들이 AI 교육을 수업에 적용할 수 있도록 금전적·비금전적 인센티브를 도입하는 것도 중요하다.

- **연구비 지원**: AI 교육 연수를 수료한 교사들이 이를 수업에 적용하면, 연구비 지원을 통해 새로운 교수법을 실험할 수 있도록 돕는다.
- **교재 및 교육 자료 제공**: AI 기반 교수법을 적용하는 교사들에게는 맞춤형 교육 자료와 AI 교재를 제공해, 쉽게 수업에 활용할 수 있도록 지원한다.
- **성과 기반 포상 제도**: AI 교육을 효과적으로 운영한 교사들에게 포상금을 지급하거나, 우수 교사로 선정해 교육 정책 자문 역할을 맡길 수 있도록 기회를 제공한다.

교사의 성취감을 높여 공교육 혁신을 이끌어야 한다

AI 시대의 교육 혁신은 교사가 AI를 활용할 수 있도록 돕는 것에서 시작된다. 하지만 이는 단순히 기술을 익히는 문제가 아니라, 교사 스스로 변화의 필요성을 체감하고, 학습을 통해 성취감을 느낄 수 있는 환경을 조성하는 것이 핵심이다.

이를 위해 실습 중심 연수를 도입하고, AI 마스터 교사 인증을 부여하며, AI 연구회를 활성화하고, 실질적인 인센티브를 제공하는 시스템을 마련해야 한다. 교사들이 AI 기반 교육 혁신에 자발적으로 참여하고, 이를 통해 학생들의 성장을 이끄는 역할을 수행할 때, 자연스럽게 교권도 존중받고 교육의 질도 향상될 것이다. 교사의 변화가 공교육 혁신의 출발점이며, 이 변화가 지속될 때 교육과 산업이 함께 성장하는 선순환 구조가 완성될 것이다.

에필로그:

우리는 지금 골든타임에 서 있다

나는 각기 다른 성격과 재능을 가진 많은 제자들을 가르쳐 왔다. 처음에는 교사가 단순히 지식을 전달하거나 학생들의 인격 형성에 기여하는 역할을 한다고 생각했다. 하지만 시간이 지나면서 교육이 단순한 정보 전달을 넘어선다는 사실을 깨닫게 되었다. 교육이란 학생들에게 세상을 간접적으로 경험할 기회를 제공하고, 삶을 살아가는 방법을 익히게 하며, 미래를 준비할 힘을 길러주는 과정이라는 것을.

그렇다면 우리가 준비해 주어야 할 대한민국의 미래는 어떤 모습이어야 할까?

우리는 지금 거대한 변화의 문 앞에 서 있다. AI는 이미 우리의 삶 깊숙이 들어왔고, 산업 구조는 빠르게 변화하고 있다. 과거 일본이 그러했듯, 변화의 속도를 따라가지 못하면 우리 역시 '잃어버린 30년'을 보낼 수도 있다. 하지만 반대로, 과거 우리가 불가능해 보였던 상황에서도 길을 찾아내고 산업을 키워온 것처럼, 대한민국은 새로운 기회를 잡고 도약할 수도 있다.

그러나 변화를 주도하기 위해 가장 먼저 필요한 것은 무엇인가? 정치 개혁인가? 산업 혁신인가? 나는 단연코 교육이라고 생각한다.

요즘 대한민국을 보면 광장에서, 온라인에서, 매일같이 국민들이 둘로 나뉘어 싸우고 있다. 서로가 서로를 향해 분노하며, 때로는 같은 문제를 두고도 극과 극의 해석을 내놓는다. 정치권이 내놓는 달콤한 말들은 듣기에는 그럴듯하지만, 정말로 이 사회를 변화시킬 해결책이 될지는 검증하고, 또 검증해야 한다. 문제는 대다수의 국민이 그런 검증의 과정에 익숙하지 않다는 것이다.

나는 AI 시대야말로 시민이 정치인의 말을 두세 번이 아니라, 수십 번 검증해야 하는 시대라고 생각한다. 거짓 정보, 왜곡된 통계, 감정적인 선동이 넘쳐나는 시대에 '누가 더 달콤하고 멋진 말을 하는가'가 아니라, '누가 실제로 변화를 만들 수 있는가'를 가려낼 수 있는 힘이 필요하다.

우리는 흔히 정치 개혁이 먼저냐, 교육 개혁이 먼저냐를 두고 '닭이 먼저냐, 달걀이 먼저냐' 같은 논쟁을 한다. 하지만 나는 확신한다. 유능한 국민이 있어야 유능한 정치인을 뽑을 수 있다. 이것이 자유민주주의의 가장 큰 장점이면서도, 동시에 가장 큰 단점이기도 하다.

잘못된 정보와 선동 속에서 판단력이 흐려진다면 우리는 계속해서 그럴듯한 말에 속아 잘못된 선택을 반복할 수도 있다. 하지만 반대로, 시대에 맞는 교육을 통해 국민 개개인이 비판적 사고력을 갖추고, 깊이 있는 판단을 내릴 수 있다면? 대한민국의 정치 수준도 자연스럽게 올라가게 된다. 결국, 좋은 교육이 좋은 국민을 만들고, 좋은 국민이 좋은 정치인을 선택하는 것 아니겠는가?

이것이 내가 교육이 가장 먼저 변화해야 한다고 생각하는 이유다.

나는 가끔 생각한다. 지금 태어나는 아이들이 커서 어떤 세상을 만나게 될까?

그 아이들이 살아갈 세상은 우리가 만들어 가고 있다. 그리고 지금 우리는 그 아이들에게 어떤 기회를 남길 것인지 선택해야 한다.

그들이 자라서도 '먹고살 걱정'을 해야 하는 나라가 될 것인가, 아니면 자신이 원하는 일을 창의적으로 고민하고, 세상에 새로운 가치를 더하는 삶을 꿈꿀 수 있는 나라가 될 것인가?

지금 태어나는 아이들은 AI 등의 첨단 기술 발달로 인하여 앞으로 20년, 30년 뒤 어떤 직업을 가지게 될지조차 예상할 수 없다. 현재 존재하는 직업의 다수가 사라지고, 완전히 새로운 형태의 일자리가 등장할 것이다. 그러나 변하지 않는 사실이 있다. 미래에도 '문제를 해결할 줄 아는 사람', '새로운 가치를 창출할 줄 아는 사람'이 필요할 것이라는 점이다.

그렇다면 우리가 해야 할 일은 명확하다. 아이들이 단순히 암기하고 경쟁하는 것이 아니라, 탐구하고 질문하는 법을 배우며, 의사 결정 과정에서 건전한 토론과 경쟁을 통해 자신의 생각을 논리적으로 주장할 수 있도록 길러야 한다. AI를 활용해 창의적인 아이디어를 발전시키고, 산업과 연결된 실용적 교육을 경험하며, 무엇보다 '배움이 곧 기회'라는 희망을 가질 수 있는 환경을 만들어야 한다.

이런 교육을 받은 아이들은 미래의 변화가 두렵지 않을 것이다. 직업의 형태가 변하더라도, 스스로 배우고 적응하며 기회를 만들어 나갈 힘을 가지게 될 것이다. 대한민국은 단순히 많은 인재를 길러내는 국가가 아니라, 혁신을 창출하는 국가로 거듭날 것이다.

교육 개혁은 단순한 변화가 아니다. 그것은 국가의 미래를 결정짓는 선택이다.

우리가 지금 결단을 내리고, AI 리터러시를 필수 교육 과정으로 삼고, 실용적 탐구 기반 학습을 확대하고, 산업과 연계된 미래 인재 양성 체계를 마련한다면 대한민국은 혁신의 중심에 설 수 있다.

AI와 함께하는 시대에서 우리는 도태될 것인가, 아니면 새로운 기회를 창출할 것인가?

지금 선택해야 할 길은 분명하다.

단순히 산업을 살리기 위해서가 아니다. 단순히 경쟁력을 유지하기 위해서도 아니다.

지금 이 순간 태어나는 아이들부터 청년들까지 모두가 '내가 자라면 무엇이든 할 수 있겠구나'라는 희망을 품을 수 있는 나라를 만들기 위해서.

소크라테스의 "너 자신을 알라"는 곧 자기 성찰과 메타인지의 시작이다. 위기의식을 가지고 스스로를 정확히 이해할 때, 비로소 문제를 인식하고 해결하며 미래를 바꿀 수 있는 힘이 생긴다.

지금이 바로 골든타임이다. 우리는 올바른 길을 선택해야 한다.

참고자료

1장 참고문헌

Hinton, G. (2023). *AI and the Future of Humanity: Risks and Opportunities.*
- 제프리 힌튼이 AI가 인간의 사고 능력을 초월할 가능성과 사회적 영향을 분석한 논문.

Acemoglu, D., & Johnson, S. (2023). *Power and Progress.*
- AI가 인간과 협력하는 방향으로 발전해야 한다는 주장.

Schumpeter, J. (1942). *Capitalism, Socialism, and Democracy.*
- 기술 발전이 산업을 파괴하면서도 경제 성장을 이끈다는 '창조적 파괴' 개념.

Dietrich, A. (2004). *The cognitive neuroscience of creativity.*
- 몰입(flow) 상태에서 창의성과 뇌 작용을 연구한 논문.

DeepSeek Research. (2024). *On-Device AI and the Future of Personalized Learning.*
- 온디바이스 AI가 교육을 혁신하는 방식 분석.

Finnish National Agency for Education. (2021). *AI in Finnish Education.*
- 핀란드 교육부의 AI 기반 개별 학습 연구.

2장 참고문헌

Hmelo-Silver, C. E. (2004). *Problem-based learning: What and how do students learn?* Educational Psychology Review, 16(3), 235-266.
- 문제 해결형 학습(PBL)이 학습 동기와 몰입을 어떻게 향상시키는지 연구한 논문.

Savery, J. R. (2006). *Overview of problem-based learning: Definitions and distinctions.* Interdisciplinary Journal of Problem-Based Learning, 1(1), 9-20.

- PBL의 개념과 효과, 전통적인 교육과의 차이점을 설명한 연구.

Finnish National Agency for Education. (2016). *Phenomenon-based learning in Finnish schools.*

- 핀란드의 현상 기반 학습(PhBL) 도입 사례와 효과 분석.

Csikszentmihalyi, M. (1990). *Flow: The psychology of optimal experience.* Harper & Row.

- 몰입(flow) 이론을 설명하며, 교육과 학습에서의 적용 가능성을 다룬 연구.

Ryan, R. M., & Deci, E. L. (2000). *Self-determination theory and the facilitation of intrinsic motivation, social development, and well-being.* American Psychologist, 55(1), 68-78.

- 학생들의 자율성과 학습 동기 강화에 대한 심리학적 연구.

3장 참고문헌

National Science Board. (2022). *The STEM Workforce: Trends and Challenges.*

- STEM 인재의 글로벌 이동과 미국·유럽의 유치 전략 분석.

OECD. (2023). *Education at a Glance 2023.*

- STEM 교육 및 연구 환경에 대한 국제 비교 보고서.

Autor, D., Mindell, D., & Reynolds, E. (2020). *The Work of the Future: Building Better Jobs in an Age of Intelligent Machines.*

- AI와 자동화 시대에 STEM 인재의 중요성과 교육 개혁 방향.

Saxenian, A. (2006). *The New Argonauts: Regional Advantage in a Global Economy.*
- 기술 인재 유출과 지역 간 산업 경쟁력의 변화.

De La Fuente, A., & Ciccone, A. (2002). *Human Capital in a Globalized Economy.*
- 교육과 경제 성장의 관계 및 인재 유출의 영향 분석.

Bauer, T. K., & Kunze, A. (2004). *The Demand for High-Skilled Workers in a Knowledge-Based Economy.*
- 고숙련 노동자의 글로벌 이동과 국가별 대응 전략.

4장 참고문헌

한국무역협회. (2023). *반도체 산업 글로벌 공급망 변화와 한국의 대응 전략.*
- 일본 반도체 산업의 쇠퇴 원인과 한국이 취해야 할 전략 분석.

OECD. (2020). *Education at a Glance 2020: OECD Indicators.*
- 일본 교육 시스템의 문제점과 STEM 인재 부족 현상 연구.

Hwang, Y. (2022). *The Economic Impact of Physician Supply and STEM Workforce Distribution.Korean Economic Review*, 38(2), 45-67.
- 일본과 한국의 인재 유출 및 STEM 분야 인력 부족 문제 비교.

Mollick, E. (2023). *The AI-First Classroom: How Large Language Models Are Changing Education.* MIT.
- 일본 교육이 AI 및 디지털 전환에서 뒤처진 원인과 한국이 참고할 전략.

Finnish National Agency for Education. (2016). *Phenomenon-Based Learning in Finland: A Case Study.*
- 일본의 주입식 교육과 핀란드 PhBL(현상 기반 학습) 모델 비교.

Acemoglu, D., & Restrepo, P. (2019). *Automation and New Tasks: How Technology Displaces and Reinstates Labor.Journal of Economic Perspectives,* 33(2), 3-30.

- 일본 노동 시장의 변화와 디지털 전환이 미친 영향 분석.

일본 문부과학성. (2022). *청년 니트 문제 해결을 위한 직업 교육 프로그램 분석.*

- 일본의 종신고용 시스템과 고용 유연성 확대 정책.

5장 참고문헌

National Science Board. (2020). *The State of U.S. Science and Engineering 2020.* National Science Foundation.

- 미국의 STEM 인력 현황과 과학기술 분야 인재 양성에 대한 보고서.

Kharas, H. (2017). *The Unprecedented Expansion of the Global Middle Class: An Update.* Brookings Institution.

- 글로벌 중산층의 변화와 미래 산업에서 STEM 인력의 필요성 분석.

Chien, C. (2022). *The Rise of Taiwan's Semiconductor Industry: Lessons for Developing Countries.* Cambridge University Press.

- 대만의 반도체 산업 성장과 인재 양성 전략.

CHIPS and Science Act (2022). *Public Law No: 117-167.* United States Congress.

- 미국 반도체 산업 육성을 위한 법안으로, 반도체 인재 양성과 연구 개발 투자 내용을 포함.

한국무역협회. (2023). *반도체 산업 글로벌 공급망 변화와 한국의 대응 전략.*

- 한국 반도체 산업의 경쟁력과 인재 유출 문제 분석.

6장 참고문헌

Brynjolfsson, E., & McAfee, A. (2014). *The Second Machine Age: Work, Progress, and Prosperity in a Time of Brilliant Technologies.* W.W. Norton & Company.
- AI와 자동화가 노동시장과 경제에 미치는 영향 분석.

Acemoglu, D., & Restrepo, P. (2019). *Automation and New Tasks: How Technology Displaces and Reinstates Labor.* Journal of Economic Perspectives, 33(2), 3-30.
- AI 및 자동화가 노동 시장에서 기존 직업을 대체하고 새로운 직업을 창출하는 메커니즘 연구.

Schwab, K. (2016). *The Fourth Industrial Revolution.* World Economic Forum.
- 4차 산업혁명이 미래 일자리에 미치는 영향과 교육 개혁의 필요성.

Ford, M. (2015). *Rise of the Robots: Technology and the Threat of a Jobless Future.* Basic Books.
- 자동화가 노동 시장에서 일자리 감소로 이어질 가능성에 대한 분석.

7장 참고문헌

Summers, L. H. (2013). *Why We Need a Global Wealth Tax.* Harvard University.
- 세수 부족 문제 해결을 위한 부유세 및 조세 개혁 방안 연구.

OECD. (2021). *Taxing Wages 2021.*
- 주요국의 조세 구조 변화 및 AI 시대의 조세 정책 방향.

Yang, A. (2018). *The War on Normal People: The Truth About America's Disappearing Jobs and Why Universal Basic Income Is Our Future.* Hachette Books.

• 기본소득 논의와 AI 시대의 조세 개혁 필요성 분석.

Friedman, M. (1962). *Capitalism and Freedom.* University of Chicago Press.

• 음의 소득세(Negative Income Tax) 개념을 제시한 초기 연구.

8장 참고문헌

Luckin, R. (2018). *Machine Learning and Human Intelligence: The Future of Education for the 21st Century.* UCL Press.

• AI 기반 교육 모델과 개별 맞춤 학습의 필요성 분석.

Mollick, E. (2023). *The AI-First Classroom: How Large Language Models Are Changing Education.* MIT.

• 대규모 언어 모델(LLM)과 교육 혁신 연구.

Wiliam, D. (2011). *Embedded Formative Assessment.* Solution Tree Press.

• 개념 기반 탐구 학습과 평가 모델에 대한 연구.

Rotherham, A. J., & Willingham, D. T. (2010). *"21st Century Skills: The Challenges Ahead".* Educational Leadership, 67(1), 16-21.

• 21세기 핵심 역량과 AI 시대 교육 모델에 대한 연구.

9장 참고문헌

OECD. (2020). *Education at a Glance 2020: OECD Indicators.*
- 의대 쏠림 현상과 STEM 교육 투자 비교 연구.

Hwang, Y. (2022). *The Economic Impact of Physician Supply and STEM Workforce Distribution.* Korean Economic Review, 38(2), 45-67.
- 한국의 의대 집중 현상이 STEM 인력 부족에 미치는 영향.

National Academy of Sciences. (2021). *The Future of Undergraduate STEM Education.*
- STEM 인재 양성을 위한 글로벌 정책과 전략 분석.

한국교육개발원. (2023). *산업 수요 기반 STEM 인재 양성 전략 연구.*
- 한국 내 STEM 교육 강화 및 장학금 지원 정책 분석.

10장 참고문헌

Altbach, P. G., & de Wit, H. (2020). *The Internationalization of Higher Education: Perspectives from the Global North and South.* Routledge.
- 글로벌 대학 구조조정과 평생교육 트렌드 연구.

Marginson, S. (2016). *Higher Education and the Common Good.* Melbourne University Press.
- 대학 교육이 지역 경제 및 국가 경쟁력에 미치는 영향 분석.

KDI. (2023). *한국의 고등교육 개혁 방향과 지역 균형 발전 전략.*
- 한국 대학 구조조정과 실용 교육 중심 개편 연구.

일본 문부과학성. (2022). *청년 니트 문제 해결을 위한 직업 교육 프로그램 분석.*
- 일본의 니트족 문제 대응과 대학-고용 연계 모델 연구.

11장 참고문헌

Finnish National Agency for Education. (2016). *Phenomenon-Based Learning in Finland: A Case Study.*
- 핀란드의 PhBL(현상 기반 학습) 교육 개혁 사례 분석.

Barber, M., Donnelly, K., & Rizvi, S. (2013). *An Avalanche is Coming: Higher Education and the Revolution Ahead.* Institute for Public Policy Research.
- 글로벌 교육 혁신 모델과 디지털 전환의 영향 연구.

WEF. (2020). *Schools of the Future: Defining New Models of Education for the Fourth Industrial Revolution.*
- 4차 산업혁명 시대의 교육 혁신 사례 연구.

한국교육과정평가원. (2022). *AI 시대의 미래 교육 패러다임 변화.*
- 한국의 디지털 전환 교육 방향과 글로벌 비교 연구.

12장 참고문헌

Etzkowitz, H., & Leydesdorff, L. (2000). *The Dynamics of Innovation: From National Systems and "Mode 2" to a Triple Helix of University–Industry–Government Relations.* Research Policy, 29(2), 109-123.
- 산학 협력 모델(Triple Helix)과 연구개발(R&D) 정책 연구.

Bessen, J. (2015). *Learning by Doing: The Real Connection between Innovation, Wages, and Wealth.* Yale University Press.
- 혁신 경제와 실무 중심 교육의 중요성 분석.

한국산업기술진흥원. (2023). *산업 연계형 교육과정 혁신 전략 보고서.*
- 한국의 산학 협력 모델 현황 및 발전 방향 연구.

European Commission. (2021). *Fostering Digital Education in Europe: Strategic Priorities.*

- 유럽연합의 디지털 교육 정책 및 AI 활용 연구.

참고서적

- 인구 감소 사회는 위험하다는 착각(우치다 타츠루 외, 위즈덤하우스)
- 일본의 저출산 대책은 왜 실패했는가?(야마다 마사히로, 제이앤씨)
- 붕괴하는 세계와 인구학(피터 자이한, 김앤김북스)
- 자본주의의 적은 자본주의(곽수종, 연합인포맥스북스)
- 국가는 왜 실패하는가(대런 아세모글루 외, 시공사)
- 권력과 진보(대런 아세모글루 외, 생각의힘)
- 핀란드 교육에서 미래 교육의 답을 찾다(키르스티 론카, 테크빌교육)
- 박태웅의 AI 강의 2025(박태웅, 한빛비즈)

문제는 저출산이 아니라 교육 개혁이다

1판 1쇄 발행 2025년 3월 31일

저자 유진호

편집 윤혜린   **마케팅·지원** 김혜지

펴낸곳 (주)하움출판사   **펴낸이** 문현광

이메일 haum1000@naver.com   **홈페이지** haum.kr
블로그 blog.naver.com/haum1000   **인스타그램** @haum1007

ISBN 979-11-7374-017-6(03330)